AF232067

COCHINCHINE

TRIBUNAUX DE BINH-HOA

JUSTICE CRIMINELLE

AFFAIRE D'HOC-MON

I. — Déclaration de poursuites.
II. — Acte d'accusation.
III. — Notification de la liste des témoins.
IV. — Ordonnance et assignation.

SAIGON. — IMPRIMERIE COLONIALE

ANNÉE 1885

TRIBUNAUX DE BINH-HOA

JUSTICE CRIMINELLE

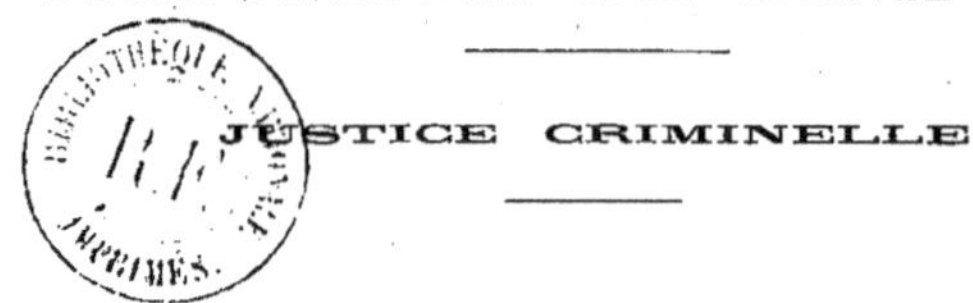

Nous, Procureur général près la Cour d'appel de Saigon,

Vu la procédure instruite contre les nommés :

Nguyen-van-buong *et consorts*, ci-après dénommés et qualifiés;

Vu les articles 24 du décret du 25 juillet 1864 et 15 du décret du 25 mai 1881, portant organisation de la justice en Cochinchine;

Considérant que des pièces visées ci-dessus il en résulte charges et présomptions suffisantes contre :

1° **Nguyen-van-buong**, dit *Nam-soc*, âgé de 57 ans, boucher, fils de parents inconnus, né à Hoa-my (20° arrondissement), domicilié à Phu-nhuan, arrondissement de Saigon; de s'être rendu coupable, dans le courant des années 1884 et 1885, dans les arrondissements de Saigon et de Cholon : — 1° de complot dont le but était de détruire ou de changer le gouvernement établi, d'exciter les habitants à la guerre civile, et de porter la dévastation, le massacre et le pillage dans une ou plusieurs communes; — 2° d'avoir organisé ou fait organiser dans ce but des bandes devant commettre, dans la nuit du 8 au 9 février 1885, les crimes énoncés ci-dessus; — 3° de complicité, en y ayant provoqué par dons, promesses ou menaces, ou en ayant donné les instructions nécessaires pour les commettre, des crimes : — 1° d'incendies volontaires commis dans la nuit du 8 au 9 février 1885, aux villages de Ba-diem (Tan-thoi-nhut), d'Hoc-mon (Tan-thoi-nhi, Tan-thoi-tu, Tan-thoi-tam et Tan-thoi-tay) et de Tan-dong-thuong, au préjudice des nommés Tran-tu-ban et Thi-mau, fils et femme du doc-phu-su Ca, Nguyen-van-loi, chef de canton, Nguyen-ngoc-thach, missionnaire, Nguyen-ngoc-chan, Le-van-dang, Dam-van-toi, Phanvan-truong, Duong-van-sam, Nguyen-van-binh, Vo-van-lai, Pham-van-tai, Nguyen-van-hiep, Vovan-chuyen, Loi-van-liem, Trinh-van-truong, Le-van-vo, Nguyen-van-leu, Le-van-nhieu, Huynhvan-do, Pham-van-nen, Long-thi-tri, Nguyen-thi-cua, Tran-van-de, Le-van-thanh, Tran-thi-lieu, Thi-muon, Nguyen-van-gio, habitant ces localités, avec cette circonstance que les maisons incendiées étaient habitées ou servaient à l'habitation; au fort d'Hoc-mon, maisons d'habitation et dépendances; à l'église et au presbytère du village de Tan-thoi-tam; — II° de meurtre commis avec préméditation, dans la nuit du 8 au 9 février, à Hoc-mon, sur la personne du doc-phu-su Tran-tu-ca; — III° de meurtre de la femme Thi-mao, épouse légitime du phu Ca, et d'un jeune enfant, décédés tous deux dans les flammes, dans la nuit du 8 au 9 février 1885, la première dans la maison d'habitation du fort d'Hoc-mon, le second dans la maison du gardien De, de l'église de Tan-thoi-tam; — IV° de soustraction frauduleuse d'objets mobiliers, commise dans les mêmes conditions de temps, au préjudice du doc-phu-su Tran-tu-ca et dans son domicile, à Hoc-mon, avec les circonstances aggravantes de nuit, de pluralité d'auteurs, et de port d'armes apparentes ou cachées;

2° **Pham-van-hon**, âgé de 68 ans, cultivateur, fils de feu Pham-van-hoa et de feue Thi-duoc, né et domicilié à Tan-thoi-nhut, arrondissement de Saigon; de s'être rendu coupable : — 1° du complot et de l'attentat ci-dessus spécifiés ; — 2° de s'être mis à la tête de toutes les bandes levées dans l'intérieur pour commettre les crimes énoncés plus haut ; — 3° de complicité par dons, promesses, menaces, provocations et instructions, des auteurs des dits crimes ;

3° **Nguyen-van-qua**, âgé de 55 ans, cultivateur, fils de feu Nguyen-van-dinh et de Le-thi-ngoat, né et domicilié à My-hanh, arrondissement de Cholon ; de s'être rendu coupable : — 1° du complot et de l'attentat ci-dessus spécifiés ; — 2° de s'être mis à la tête de la bande de son village pour commettre les crimes énoncés plus haut ; — 3° d'avoir, dans la nuit du 8 au 9 février 1885, à Hoc-mon, commis avec préméditation un homicide volontaire sur la personne du doc-phu-su Tran-tu-ca ; — 4° de complicité, par aide et assistance, des auteurs de tous les autres crimes sus-énoncés ;

4° **Nguyen-van-xiem**, âgé de 41 ans, forgeron, fils de Nguyen-van-luon et de feue Huynh-thi-duc, né et domicilié à Tan-thoi-nhut, arrondissement de Saigon ; de s'être rendu coupable : — 1° du complot et de l'attentat ci-dessus spécifiés ; — 2° d'avoir, dans les circonstances de temps et de lieu déjà établies, commis avec préméditation un homicide volontaire sur la personne du doc-phu-su Tran-tu-ca ; — 3° de complicité, par aide et assistance, des auteurs de tous les autres crimes sus-énoncés ;

5° **Pham-van-vo**, âgé de 50 ans, ancien caï de la milice, cultivateur, fils de feu Pham-van-vang, et de feue Thi-nguyen, né et domicilié à Tan-thoi-thuong, arrondissement de Saigon ; de s'être rendu coupable : — 1° du complot et de l'attentat ci-dessus spécifiés ; — 2° de s'être mis à la tête de la bande de son village pour commettre les crimes énoncés plus haut ; 3° d'avoir, dans les circonstances de temps et de lieu déjà établies, commis avec préméditation un homicide volontaire sur la personne du doc-phu-su Tran-tu-ca ; — 4° d'avoir mis volontairement le feu à un groupe de maisons indéterminé, sises au village de Tan-thoi-nhut, les dites maisons étant habitées ou servant à l'habitation ; — 5° de complicité, par aide et assistance, des auteurs de tous les autres crimes sus-énoncés ;

6° **Lam-van-thi**, âgé de 48 ans, forgeron, fils de feu Lam-van-o et de feue Pham-thi-lon, né et domicilié à Tan-thoi-tam, arrondissement de Saigon ; de s'être rendu coupable : — 1° du complot et de l'attentat ci-dessus spécifiés ; — 2° de s'être mis à la tête de la bande de son village pour commettre les crimes énoncés plus haut ; — 3° d'avoir, dans les circonstances de temps et de lieu déjà établies, commis avec préméditation un homicide volontaire sur la personne du doc-phu-su Tran-tu-ca ; — 4° d'avoir mis volontairement le feu à l'église, au presbytère et aux maisons avoisinantes sises au village de Tan-thoi-tam, les dites maisons étant habitées ou servant à l'habitation ; — 5° du meurtre d'un jeune enfant décédé dans les flammes, dans la maison du nommé De, gardien de l'église du dit lieu ; — 6° de complicité, par aide et assistance, des auteurs de tous les autres crimes sus-énoncés ;

7° **Pham-van-thuyen**, dit *Trang*, âgé de 47 ans, bonze, fils de Pham-van-doan et de feue Thi-kien, né à Qua-nam (Annam), domicilié à Tan-thoi-tam, arrondissement de Saigon ; de s'être rendu coupable : — 1° du complot et de l'attentat ci-dessus spécifiés ; — 2° de s'être mis à la tête de la bande de son village pour commettre les crimes énoncés plus haut ; — 3° d'avoir, dans les circonstances de temps et de lieu déjà établies, commis avec préméditation un homicide volontaire sur la personne du doc-phu-su Tran-tu-ca ; — 4° d'avoir mis volontairement le feu à l'église, au presbytère et aux maisons avoisinantes, sises au village de Tan-thoi-tam, les dites maisons étant habitées ou servant à l'habitation ; — 5° du meurtre d'un jeune enfant décédé dans les flammes, dans la maison du nommé De, gardien de l'église du dit lieu ; — 6° de complicité, par aide et assistance, des auteurs de tous les autres crimes sus-énoncés ;

8° **Nguyen-van-do,** âgé de 53 ans, boulanger, fils de feu Nguyen-van-du et de feue Thi-thich, né et domicilié à Tan-thoi-tay, arrondissement de Saigon ; — **Tran-van-len,** âgé de 46 ans, jardinier, fils de feu Tran-van-van et de feue Thi-thoe, né et domicilié à Tan-thoi-tay, arrondissement de Saigon ; — **Nguyen-van-hoai,** âgé de 39 ans, jardinier, fils de feu Nguyen-van-hung et de Thi-dieu, né et domicilié à Tan-thoi-tay, arrondissement de Saigon ; de s'être rendus coupables : — 1° du complot et de l'attentat ci-dessus spécifiés ; — 2° d'avoir mis volontairement le feu : — 1° à l'église ; — 11° au presbytère ; — 111° à la maison du gardien de l'église De ; — 1v° aux maisons de la femme et du fils Ban, du phu Ca, à Tan-thoi-tam ; — v° à la maison du doi-Moi ; — v1° à la maison du nommé Le-van-thanh, ces deux dernières sises au village de Tan-thoi-tay ; les dites maisons étant toutes habitées ou servant à l'habitation ; — 3° de meurtre sur la personne d'un jeune enfant décédé dans les flammes, dans la maison habitée par le nommé De, gardien de l'église de Tan-thoi-tam ; — 4° de complicité, par aide et assistance des auteurs de tous les autres crimes sus-énoncés ;

9° **Nguyen-van-lanh,** âgé de 52 ans, cultivateur, fils de feu Nguyen-van-ke et de feue Thi-quang, né et domicilié à Vinh-loc, arrondissement de Saigon ; de s'être rendu coupable : — 1° du complot et de l'attentat ci-dessus spécifiés ; — 2° de s'être mis à la tête de la bande de son village pour commettre les crimes énoncés plus haut ; — 3° d'incendies volontaires d'un groupe indéterminé de maisons, sises au village de Tan-thoi-nhut (Ba-diem), les dites maisons étant habitées ou servant à l'habitation ; — 4° d'incendies volontaires commis au village de Tan-thoi-tam : — 1° à l'église ; — 11° au presbytère ; — 111° à la maison du gardien De de ladite église ; — 1v° aux maisons de la femme et du fils Ban, du phu Ca ; les dites maisons étant habitées ou servant à l'habitation ; — 5° de meurtre sur la personne d'un jeune enfant décédé dans les flammes, dans la maison habitée par le nommé De, gardien de l'église de Tan-thoi-tam ; — 6° de complicité, par aide et assistance, des auteurs de tous les autres crimes sus-énoncés ;

10° **Le-van-da,** âgé de 40 ans, cultivateur, fils de feu Le-van-ket et de feue Ung-thi-co, né et domicilié à Tan-thoi-tu, arrondissement de Saigon ; — **Vo-van-chu,** âgé de 47 ans, cultivateur, fils de feu Vo-van-vay et de feue Thi-hon, né et domicilié à Tan-thoi-tu, arrondissement de Saigon ; — **Bui-cong-ho,** âgé de 44 ans, cultivateur, fils de feu Bui-cong-thieu et de Thi-xung, né et domicilié à Tan-thoi-tu, arrondissement de Saigon ; de s'être rendus coupables : — 1° du complot et de l'attentat ci-dessus spécifiés ; — 2° de s'être mis à la tête de la bande de leur village pour commettre les crimes énoncés plus haut ; — 3° d'incendie volontaire mis à la maison habitée du nommé Nguyen-van-gio, au village de Tan-thoi-tu ; — 4° de complicité, par aide et assistance, de tous les autres crimes sus-énoncés ;

11° **Nguyen-van-dinh,** âgé de 41 ans, cultivateur, fils de Nguyen-van-le et de feue Thi-phep, né et domicilié à Tan-dong-thon, arrondissement de Saigon ; — **Nguyen-van-de,** âgé de 61 ans, cultivateur, fils de feu Nguyen-van-tu et de feue Thi-kieu, né et domicilié à Tan-dong-thon, arrondissement de Saigon ; — **Van-duc-choi,** âgé de 37 ans, cultivateur, fils de Van-duc-do et de feue Thi-ven, né et domicilié à Tan-dong-thon, arrondissement de Saigon ; — **Nguyen-van-dao,** âgé de 49 ans, cultivateur, fils de Nguyen-van-luu et de Thi-diep, né et domicilié à Tan-dong-thon, arrondissement de Saigon ; — **Tran-van-phi,** âgé de 37 ans, cultivateur, fils de feu Tran-van-gan, et de feue Le-thi-huy, né et domicilié à Tan-dong-thon, arrondissement de Saigon ; — **Nguyen-van-hieu,** âgé de 57 ans, cultivateur, fils de feu Nguyen-van-thon et de Nguyen-thi-ngoi, né et domicilié à Tan-dong-thon, arrondissement de Saigon ; — **Ung-van-tron,** âgé de 36 ans, jardinier, fils de feu Ung-van-tai et de Bui-thi-nha, né et domicilié à Tan-dong-thuong, arrondissement de Saigon ; — **Banh-van-hien,** âgé de 46 ans, cultivateur, fils de feu Banh-van-hoa et de feue Thi-da, né et domicilié à Tan-dong-thuong, arrondissement de Saigon ; — **Nguyen-ba-xuyen**, âgé de 37 ans, cultivateur, fils de feu Nguyen-van-dong et de feue Tran-thi-son, né et domicilié à Tan-dong-thuong, arrondissement de Saigon ; — **Le-van-trong**, âgé de 41 ans, cultivateur, fils de feu Le-van-quon et de feue Tran-thi-buoi, né et domicilié à Tan-dong-thuong, arrondissement de Saigon ; de s'être rendus coupables : — 1° du complot et de l'attentat ci-dessus spécifiés ; — 2° d'avoir volontairement mis le feu à la maison habitée par le chef de canton Nguyen-van-loi, au village de Tan-dong-thuong ; — 3° de complicité, par aide et assistance, des auteurs de tous les autres crimes sus-énoncés ;

12° **Nguyen-van-vien**, âgé de 66 ans, cultivateur, fils de feu Nguyen-van-tra et de feue Thi-chi, né et domicilié à Tan-dong-thon, arrondissement de Saigon ; — **Tran-van-sanh**, âgé de 51 ans, cultivateur, fils de Tran-van-dinh et de Nguyen-thi-lieu, né à Chi-hoa, domicilié à Tan-phu-trung, arrondissement de Saigon ; — **Nguyen-van-dieu**, âgé de 54 ans, cultivateur, fils de feu Nguyen-van-quo et de feue Thi-dang, né et domicilié à Tan-thoi-nhi, arrondissement de Saigon ; — **Tran-van-xanh**, âgé de 41 ans, cultivateur, fils de feu Tran-van-gio et de feue Thi-vang, né et domicilié à Tan-thoi-nhi, arrondissement de Saigon ; — **Tran-van-thi**, âgé de 43 ans, cultivateur, fils de feu Tran-van-thach et de feue Nguyen-thi-phuoc, né et domicilié à Tan-thoi-thuong, arrondissement de Saigon ; — **Nguyen-van-loi**, âgé de 49 ans, cultivateur, fils de feu Nguyen-van-yen et de feue Thi-kiem, né et domicilié à Tan-dong-thon, arrondissement de Saigon ; — **Nguyen-van-vap**, âgé de 47 ans, cultivateur, fils de feu Nguyen-van-yen et de feue Thi-kiem, né et domicilié à Tan-dong-thon, arrondissement de Saigon ; — **Tran-van-nguyen**, âgé de 56 ans, cultivateur, fils de feu Tran-van-manh et de feue Thi-thinh, né et domicilié à Tan-dong-thon, arrondissement de Saigon ; — **Huynh-van-tinh**, âgé de 62 ans, cultivateur, fils de feu Huynh-van-bich et de feue Thi-thom, né et domicilié à My-hanh, arrondissement de Cholon ; — **Nguyen-van-xe**, âgé de 44 ans, cultivateur, fils de feu Nguyen-van-dinh et de feue Thi-loi, né et domicilié à My-hanh, arrondissement de Cholon ; — **Dong-tan-phi**, âgé de 59 ans, jardinier, fils de feu Dong-tan-the et de Le-thi-an, né et domicilié à My-hoa, arrondissement de Cholon ; — **Nguyen-van-luat**, dit *Luc*, âgé de 61 ans, cultivateur, ancien chef de canton, fils de feu Nguyen-van-ton et de feue Thi-ngoi, né et domicilié à Than-dong-thon (Saigon) ; — **Huynh-van-huan**, âgé de 54 ans, professeur de caractères, fils de feu Huynh-van-toan et de feue Thi-quoi, né et domicilié à Trung-chanh, arrondissement de Saigon ; — **Nguyen-van-huy**, âgé de 50 ans, cultivateur, fils de feu Nguyen-van-vang et de Thi-vi, né et domicilié à Vinh-loc, arrondissement de Saigon ; — **Nguyen-van-gia**, âgé de 38 ans, cultivateur, fils de feu Nguyen-van-nhat et de Le-thi-tham, né et domicilié à Vinh-loc, arrondissement de Saigon ; — **Do-van-cong**, âgé de 68 ans, cultivateur, fils de feu Do-van-nhau et de feue Nguyen-thi-loi, né et domicilié à Binh-hung, arrondissement de Cholon ; de s'être rendus coupables : — 1° du complot et de l'attentat ci-dessus spécifiés ; — 2° de s'être mis à la tête des bandes de leurs villages par eux organisées, pour commettre les crimes énoncés plus haut ; — 3° de complicité par aide et assistance, des auteurs de tous les autres crimes sus-énoncés ;

13° **Nguyen-van-tieng**, âgé de 37 ans, cultivateur, fils de feu Nguyen-van-nguon et de feue Thi-nghon, né et domicilié à Tan-dong-thon, arrondissement de Saigon ; — **Nguyen-van-nam**, âgé de 43 ans, cultivateur, fils de feu Nguyen-van-huong et de Ho-thi-bao, né et domicilié à Tan-thoi-thuong, arrondissement de Saigon ; — **Le-van-sac**, âgé de 52 ans, cultivateur, fils de Le-van-dao et de Nguyen-thi-xuan, né et domicilié à Tan-thoi-nhut, arrondissement de Saigon ; — **Duong-van-ti**, âgé de 38 ans, journalier, fils de feu Duong-van-do et de mère inconnue, né et domicilié à Tan-thoi-tuong, arrondissement de Saigon ; — **Duong-van-tinh**, âgé de 44 ans, cultivateur, fils de feu Duong-van-do et de feue Thi-buu, né et domicilié à Tan-thoi-thuong, arrondissement de Saigon ; — **Le-van-dat**, âgé de 42 ans, cultivateur, fils de feu

Le-van-the et de feue Tran-thi-loi, né et domicilié à Tan-thoi-thu, arrondissement de Saigon ; de s'être rendus coupables : — 1º du complot et de l'attentat ci-dessus spécifiés ; — 2º de complicité, par aide et assistance, des auteurs de tous les autres crimes sus-énoncés ;

14º **Nguyen-van-luong**, âgé de 72 ans, cultivateur, fils de feu Nguyen-van-tri et de feue Thi-dang, né et domicilié à An-lac, arrondissement de Cholon ; — **Le-van-deu**, âgé de 53 ans, cultivateur, fils de Le-van-thieu et de Thi-xuan, né et domicilié à An-lac, arrondissement de Cholon ; de s'être rendus coupables : — 1º du complot et de l'attentat ci-dessus spécifiés ; — 2º de s'être mis à la tête de la bande formée dans leur village pour prendre une part active à la rébellion, mais sans avoir rejoint les autres bandes à Ba-diem, Hoc-mon et Cho-moi ; — 3º de complicité, par promesse de leur concours, des auteurs de tous les autres crimes sus-énoncés ;

15º **Pham-van-chu**, âgé de 41 ans, cultivateur, fils de feu Pham-van-nguyen et de Thi-do, né et domicilié à Duc-hoa, arrondissement de Cholon ; — de s'être rendu coupable : — 1º du complot et de l'attentat ci-dessus spécifiés ; — 2º de complicité par aide et assistance, en cherchant à recruter des adeptes à la rébellion, des crimes sus-énoncés ;

16º **Nguyen-van-binh**, âgé de 40 ans, cultivateur, fils de feu Nguyen-van-vang et de Nguyen-thi-pho, né et domicilié à My-loc arrondissement de Cholon ; — **Nguyen-van-chanh**, âgé de 64 ans, marchand, fils de feu Nguyen-van-tai et de feue Thi-huu, né à Phu-giao, domicilié à Mai-son, 4º quartier de Cholon-ville ; — de s'être rendus coupables : — 1º à Cangioc, arrondissement de Cholon, du complot et de l'attentat ci-dessus spécifiés ; — 2º de complicité, par promesse de leur concours, des auteurs de tous les autres crimes sus-énoncés ;

Considérant que ces faits, prouvés qu'ils soient, constituent les crimes punis de peines afflictives et infamantes, par application des articles 87, 88, 89, 91, 92, 96, 295, 296, 297, 302, 304, 370, 382, 385, 434, paragraphes premier et dernier ; — 59 et 60 du Code pénal rendu applicable aux Annamites par décret du 16 mars 1880 ;

Déclarons en conséquence que les susnommés seront traduits devant la cour criminelle de Binh-hoa, pour leur procès y être fait et jugé conformément à la loi.

Fait au parquet général, à Saigon, le   1885.

Le Procureur général p. i.,
R. MAISONNEUFVE-LACOSTE.

LE MINISTÈRE PUBLIC
contre
NGUYEN-VAN-BUONG
DIT NAM-SOC
et consorts.

ACTE D'ACCUSATION

TRIBUNAUX DE BINH-HOA

JUSTICE CRIMINELLE

Le Procureur général près la Cour d'appel de Saigon,

Vu sa déclaration de poursuite en date de ce jour;

Expose qu'il a été, par M. le lieutenant de juge près le tribunal de première instance de Binh-hoa, en vertu des attributions à lui conférées par l'article 2 du décret du 10 novembre 1866, instruit contre les nommés :

Nguyen-van-buong, dit *Nam-soc*, et consorts, ci-après dénommés et qualifiés,

Une procédure de laquelle résultent les faits suivants :

Le 9 février 1885, dès les premières heures de la matinée, une nouvelle stupéfiante venait jeter l'émoi dans la ville de Saigon : on apprenait, en effet, que des bandes de malfaiteurs, formées dans les villages voisins de l'inspection de Binh-hoa, avaient eu l'audace de s'avancer jusqu'au bourg d'Hoc-mon, après avoir incendié le marché de Ba-diem; et avaient emporté d'assaut la petite citadelle dans laquelle s'abritait la demeure du doc-phu-su Tran-tu-ca. Ce vieux fonctionnaire, attaché à notre service depuis les premières années de la conquête, avait payé de sa vie son dévouement à notre cause; et son cadavre, horriblement mutilé, avait été trouvé gisant au seuil même du petit fort; par un raffinement de cruauté, la tête de la victime avait été séparée du tronc et exposée sur la place du marché du village. Puis, les assassins s'étaient fait incendiaires, et tous les biens du phu avaient été livrés aux flammes; sa femme, Thi-mau, avait péri également au milieu de ce désastre.

Ces événements invraisemblables ne tardèrent pas à être officiellement confirmés. Ils n'étaient, d'ailleurs, que la suite de la mise à exécution d'un plan général de soulèvement, dont la première partie, qui avait Saigon même pour objectif, avait heureusement échoué quelques jours auparavant, grâce à l'arrestation, opérée en temps opportun, de l'instigateur en chef du mouvement, le nommé Nguyen-van-buong, dit Nam-soc, et de ses principaux acolytes.

Les faits dont Hoc-mon et les localités voisines ont été le théâtre amenèrent tout d'abord l'arrestation d'environ 300 individus; mais, l'accusation n'a cru devoir retenir que 51 d'entre eux, ceux qui ont tous joué dans les bandes un rôle prépondérant, et dont la responsabilité dans les crimes d'assassinat et d'incendies était plus directement engagée. L'un d'eux, le nommé Pham-van-ho, est décédé au cours du procès.

Pour répartir sur chacun de ces accusés les charges particulières qui lui incombent, il est nécessaire d'exposer avec quelques détails les faits pour lesquels ils sont recherchés.

Dans la soirée du 8 février dernier, plusieurs bandes de malfaiteurs, fortes de quelques centaines d'hommes, recrutés dans les villages qui avoisinent le chef-lieu de l'inspection de Saigon, parcouraient les routes qui viennent converger vers l'important marché de Ba-diem. Le mot d'ordre, donné par Nguyen-van-buong, dit Nam-soc, qui avait pris le titre de dê doc (général en chef), avait été transmis, dès l'avant-veille, à ses principaux lieutenants par son neveu Duong et par son fils Dua, qui ont réussi jusqu'à ce jour à échapper à toutes les recherches de la justice. A six heures du soir, quatre groupes de rebelles opéraient leur jonction au marché de Ba-diem : c'étaient la bande de My-hanh (Cholon), sous les ordres des chefs Qua, Xé et Tinh; celle de Binh-hung, qui obéissait aux nommés Chi et Cong; celle de Tan-thoi-thuong, commandée par le caï Vo et Xen; enfin, la bande formée au village de Vinh-loc, qui avait pour principaux chefs les nommés Huy, Lanh, Gia et Cua. Toutes les quatre se placèrent alors sous les ordres d'un chef unique, le nommé Pham-van-hon, de Tan-thoi-nhut, que Nam-soc avait désigné comme son second, et qui devait prendre la direction suprême des opérations de l'intérieur. Hon, riche propriétaire foncier de la contrée, homme intelligent et déterminé, malgré son grand âge, jouissait depuis longtemps d'une grande autorité sur les habitants des localités voisines, et était tout désigné pour remplir le rôle de chef de partisan qui lui était confié.

Pendant plus d'une heure, le tam-tam de Tan-thoi-nhut convoque à la maison commune les habitants du village; là, on les enrôle de force, en les contraignant, par des menaces ou par la violence, à se joindre aux bandes. Puis, pour exécuter les ordres précis de Nam-soc, les malfaiteurs mettent le feu aux maisons de ceux qui hésitent à faire cause commune avec eux; et c'est à la lueur des incendies allumés à Ba-diem, que la troupe se met en marche sur Hoc-mon. En route, quelques gardes civils et quelques notables, envoyés en reconnaissance par le phu Ca, sont écrasés par le nombre et facilement dispersés : le chemin d'Hoc-mon est désormais libre. Arrivés au pont de fer de Tan-thoi-tam, village qui forme, avec ceux de Tan-thoi-tay, Tan-thoi-tu, et Tan-thoi-nhi, le gros bourg d'Hoc-mon, les rebelles mettent le feu à une case annamite habitée par un marchand de cercueils. A ce signal, convenu sans doute à l'avance, surgit une nouvelle bande assez nombreuse composée d'habitants de ces quatre dernières communes. A leur tête, se trouvent le bonze Trang, le forgeron Thi, les nommés Pham-van-ho, Le-van-da, Vo-van-chu et Bui-cong-ho, de Tan-thoi-tu; Nguyen-van-dieu et Tran-van-xanh, de Tan-thoi-nhi; Nguyen-van-do, Len et Hoai, de Tan-thoi-tay. Les bandits, que l'arrivée de ce nouveau renfort porte à 600 hommes environ, se précipitent alors à l'attaque du fort.

Le doc-phu-su Tran-tu-ca, entouré des six gardes civils qui formaient son escorte, s'était bravement placé à l'entrée de la citadelle pour essayer de résister aux assaillants; mais la petite troupe ne tarda pas à succomber sous le nombre de ses lâches agresseurs. Après quelques instants d'une lutte trop inégale, l'enceinte, cernée de tous les côtés à la fois, est escaladée, le fortin est envahi, et le vieux phu, percé à la tête, à la poitrine et aux membres de nombreux coups d'armes blanches, tombe frappé à mort. Les rebelles se précipitent alors sur la maison d'habitation et la livrent au pillage; ce dernier fait paraît en effet être établi par la découverte, faite dans la cour de la citadelle, de divers objets mobiliers dont la place habituelle était dans une des chambres du premier étage de la maison. Au pillage succède l'incendie : corps principal de logis, dépendances et cases de miliciens, tout est livré à la proie des flammes, et la femme du phu, Thi-mau, qui s'était sans doute réfugiée dans la maison d'habitation, périt dans le sinistre. Les recherches faites pour retrouver le corps de la malheureuse victime ont amené la découverte, au milieu des cendres encore fumantes, de lambeaux de chair calcinée recouverts d'étoffe, et de nombreux ossements que l'homme de l'art commis à cet effet a reconnus comme étant des débris humains. L'instruction n'a pu, dans ces circonstances, établir si Thi-mau avait péri accidentellement dans l'incendie ou si la malheureuse, découverte dans la maison au moment du pillage, n'avait pas plutôt, ainsi que son mari, été massacrée par les bandits et jetée par eux au milieu des flammes. Toutefois, un fait qu'il importe de retenir semble venir, par analogie, à l'appui de cette dernière hypothèse : au moment où le phu Ca, vaincu par le nombre, tomba sous les coups de ses assassins, une voix s'éleva en effet dans la foule pour proposer de brûler également son cadavre. Mais Hon, qui avait d'autres projets, s'y opposa. Le corps de la victime, que l'on avait déjà mutilé en tranchant l'un des poignets, fut décapité, et la tête, encore sanglante, fut exposée dans un reverbère dressé sur la place du marché.

Le fort pris et détruit, le phu et sa femme assassinés, la tâche de ces forcenés était accomplie sur ce point; les plus acharnés d'entre eux, conduits par le bonze Trang, par le forgeron Thi, par les chefs Lanh, Len, Do et d'autres encore, se jettent alors sur le village de Tan-thoi-tam. Là, l'église, le presbytère, la maison appartenant à la femme du phu Ca, et celle qui sert d'habitation au fils de ce fonctionnaire, le nommé Ban, ne tardent pas à être livrés aux flammes; l'incendie, se propageant, dévore encore quelques cases voisines; et dans l'une d'elles, celle habitée par le nommé De, gardien de l'église, un pauvre petit enfant de quinze jours est brûlé vif.

Après ces tristes exploits, les principaux chefs se réunissaient dans la grande salle du théâtre d'Hoc-mon et perdaient un temps précieux à la réussite de leurs projets en s'attardant à un long repas qu'ils se faisaient servir par les notables de la localité. Ce n'est, en effet, que vers onze heures ou minuit que la troupe se remet en marche dans la direction de Saigon, en passant par les villages de Tan-dong-thon et de Trung-chanh, où une nouvelle bande, forte d'une centaine d'hommes, et commandée par les nommés Huan, Luan, Quoi et Hoai, venait la rejoindre pour marcher de concert avec elle jusqu'au marché de Quang-tré. Arrivés dans cette localité, les rebelles se séparent de nouveau. Hon, qui doit rejoindre Nam-soc à Saigon, continue sa marche sur la capitale, mais il s'arrête à l'usine de la Nouvelle-Espérance où il apprend, après avoir attendu en vain pendant plus de deux heures le signal des incendies convenus, la nouvelle de l'arrestation du grand chef. Il se décide alors à disperser prudemment les hommes qu'il commandait. Cependant, l'autre bande, conduite par Huan et les autres chefs, après avoir mis le feu dans le village de Tan-dong-thuong, à la maison du chef de canton Loi, qui avait refusé de coopérer à la rébellion, s'était portée sur Cho-moi, où elle tentait encore d'incendier plusieurs cases. C'est là qu'elle fut dispersée, au petit jour, par la milice de Binh-hoa, conduite par le quan Vay, qui parvint à arrêter, sur les lieux mêmes, une centaine de malfaiteurs.

Pendant que ces événements se déroulaient à Hoc-mon et dans les environs, le village d'An-lac, de l'arrondissement de Cholon, était également travaillé par les nommés Luong et Deu, affiliés tous deux au complot; ces deux accusés, usant sans ménagement de menaces et de violences, étaient parvenus à organiser dans cette localité une bande dont la mission était d'aller rejoindre Nam-soc. Après plusieurs heures de marche, elle dut s'arrêter au marché de Ba-queo, où elle se dispersa.

A Can-gioc (arrondissement de Cholon), les chefs Binh, Chanh et Si, après entente préalable avec Nam-soc, s'étaient également mis à la tête du mouvement, mais leurs coupables projets ont pu heureusement être conjurés, grâce à la vigilance des autorités locales.

Cet exposé général des sinistres événements du 8 février permet dès maintenant, à l'accusation, d'assigner à chacun des accusés les charges particulières qui lui incombent.

A la tête du complot figure incontestablement le nommé **Nguyen-van-buong**, plus connu sous le nom de Nam-soc : c'est lui qui en a été l'instigateur et l'organisateur ; c'est lui qui s'est chargé, quelques mois avant l'action, d'enrôler des partisans prêts à tout faire pour mener à bonne fin ses ambitieux projets. Nous le voyons à cet effet, distribuer aux uns des brevets (bang-cap) et des grades; remettre aux autres des sommes d'argent; faire enfin remise à d'autres de dettes contractées envers lui. Le recrutement ainsi assuré, Nam-soc dresse le plan de l'action ; il en confie l'exécution à une direction unique, celle de Pham-van-hon, et fixe le jour de la révolte, après avoir eu soin, en général expérimenté, de faire transmettre à ses lieutenants ses dernières instructions. Ces instructions, les voici dans leur terrible concision : s'emparer par tous les moyens possibles de la personne du doc-phu-su Ca, mort ou vif, égorger sa famille, anéantir ses biens. Le mot d'ordre de contraindre, par l'incendie, les hésitants et les timorés, émane également de sa haute autorité, et ces instructions spéciales ont été mises à exécution à Ba-diem et à Tan-dong-thuong où la maison du chef de canton Loi, qui avait refusé de marcher, a été détruite par les flammes.

L'arrestation de Nam-soc, opérée au moment même où il allait passer à l'action, l'a seule empêché d'accomplir jusqu'au bout, par lui-même, ses projets de destruction, et sa responsabilité n'en subsiste pas moins pleine et entière. Accablé par l'évidence des faits, il s'est vu contraint de faire quelques aveux, pleins d'ailleurs de réticences; mais sa culpabilité est surtout clairement établie par les aveux de Pham-van-hon, son premier lieutenant, qui était mieux placé que tout autre pour tout connaître et qui a révélé à l'instruction le rôle prépondérant que cet accusé a joué dans le drame dont les massacres d'Hoc-mon ont été le lugubre dénoûment.

Pham-van-hon.

Si Nam-soc a été l'âme inspiratrice du complot, on peut dire que **Hon** en fut la véritable cheville ouvrière. Dès le début, c'est son nom qui domine tous les autres; lorsqu'on n'en est encore qu'à la période d'organisation les réunions préliminaires dans lesquelles les chefs se concertent ont lieu dans son domicile; lorsque l'heure d'agir est venue, c'est encore chez lui, à Ba-diem, que les différentes bandes se concentrent; aussitôt les incendies s'allument. De Ba-diem, les rebelles, réunis sous la direction suprême de Pham-van-hon, se précipitent sur Hoc-mon; et là s'accomplissent, sous les yeux du chef, les lugubres événements que l'on sait; partout où le sang coule, partout où le feu consume et détruit, on retrouve Hon dont la voix est alors toute puissante et aux ordres duquel on obéit sans discuter; c'est lui qui, après la prise du petit fort, jette sur l'église et le presbytère de Tan-thoi-tam une partie de ses forcenés; c'est à lui que l'on vient se vanter d'avoir porté au phu des coups mortels; c'est lui, enfin, qui couronne son œuvre en faisant exposer, sur la place du marché, la tête encore sanglante de la victime. C'est en vain que cet accusé, au cours de ses aveux, s'est efforcé de répartir, sur la tête de la plupart de ses complices, l'énorme part de responsabilité qui lui incombe, en cherchant à établir qu'il n'était arrivé à Hoc-mon qu'après l'accomplissement de tous les événements; ce système est contraire à la vraisemblance même. La prise de la citadelle d'Hoc-mon ayant été, en effet, d'après le plan d'organisation du complot, l'objectif même du mouvement, il est permis d'affirmer que toutes les bandes, préalablement concentrées à Ba-diem, ont dû s'y porter en masse, et avec elles, à leur tête, le chef qui les commandait. Mais laissons parler un des complices de Hon, le nommé Le-van-dat, qui a fait sur ce point des révélations d'une importance et d'une précision toutes particulières; voici ce que déclare cet accusé dans un interrogatoire que le quan de la milice de Thudaumot lui a fait subir le 11 février dernier, quelques heures après les événements : « Les assassins du doc-phu-su Ca sont : le huong Hon et son fils Van; Hon était, à ce moment, armé de deux épées. A son arrivée au fort, il a donné ordre d'en forcer les portes, a pénétré dans l'enceinte et s'est mis à la recherche du phu Ca, c'est Van qui l'a découvert. Hon a alors donné l'ordre de conduire le phu à la porte de la citadelle, où on lui a tranché la tête; puis, sur l'ordre du même Huong-hon, la tête du phu a été mise sur un piquet, et plantée sur l'emplacement de la pagode de Tan-thoi-nhi. » Là est la vérité. Dat, timoré, menacé sans doute par ceux qu'il compromettait ainsi par ses aveux, est malheureusement revenu sur ces premières déclarations que l'accusation a néanmoins le droit de retenir.

Quoi qu'il en soit, Pham-van-hon a joué dans les événements de Ba-diem et d'Hoc-mon, soit comme auteur principal, soit comme complice, un rôle prépondérant, et sa culpabilité ne peut être discutée. Cet accusé a d'ailleurs déjà subi, de son propre aveu, pour des faits analogues, une condamnation à cinq années de déportation à Cayenne.

Après Hon, Qua. **Nguyen-van-qua**, de My-hanh, a été le principal organisateur de la bande de son village, dont il s'est proclamé lui-même le chef, avec le titre de chanh-tong-binh, et à la tête de laquelle il a marché, sous les ordres de Hon, de Ba-diem sur Hoc-mon. Il est aussi l'un de ceux auxquels l'accusation peut reprocher tout spécialement l'assassinat du phu Ca. Dès l'information préliminaire, Hon le désigne, en effet, comme étant celui des rebelles qui a tranché la tête du phu. Moins précis à l'instruction, il continue à le dénoncer cependant comme ayant pris la part la plus active à cet acte criminel et le place parmi les trois ou quatre rebelles qui ont revendiqué auprès de lui l'honneur d'avoir frappé le vieux fonctionnaire. Un fait, d'une importance toute particulière, vient d'ailleurs apporter la plus grande vraisemblance à ces dénonciations, et confirmer pleinement la culpabilité de Qua. Au moment où les gardes civils, lancés à la poursuite des rebelles, ont rejoint ceux de My-hanh, un nommé Mai-van-buong, attaché au service de Qua qu'il suivait comme une sorte de valet d'armes, jeta, pour s'enfuir, un sabre taché de sang dont il était porteur. Cette arme a été soumise à l'examen d'un expert qui, après une minutieuse analyse, a découvert sur sa lame des traces de sang de mammifère et des cheveux humains. Or, de nombreux témoins ont déclaré, au cours de l'instruction, que Qua, lors de son départ de My-hanh, était armé d'un sabre ; et les mêmes témoins, entendus à nouveau dans une instruction supplémentaire prescrite à cet effet, n'ont pas hésité à reconnaître, au milieu d'armes du même genre qui leur étaient présentées, le sabre qui avait appartenu à Qua ; c'est précisément celui sur lequel ont été retrouvées les taches accusatrices. Dans ces conditions, la culpabilité de Nguyen-van-qua ne saurait être douteuse ; sa tentative de suicide au moment de son arrestation en est une dernière preuve.

Les inculpés contre lesquels l'accusation a encore relevé les charges les plus graves relativement à l'assassinat du phu Ca, sont le nommé **Nguyen-van-xiem**, de Than-thoi-nhut, le caï **Pham-van-vo** et le forgeron **Lam-van-thi**, de Tan-thoi-tam. Suivant la déclaration de Hon, Xiem serait un des rebelles qui ont frappé le phu. A son arrivée, c'est Xiem qui lui a présenté la tête de la victime en lui disant avec jactance : « C'est moi, le doi-chien-tam, qui ai fait cela. » Le caï Vo se tenait, à ce moment, auprès de lui, et éclairait avec une torche cette lugubre scène. Ce dernier porte contre Xiem une accusation analogue ; un autre accusé, le bonze Trang, a entendu prononcer également les paroles citées plus haut.

Chef de l'une des bandes de rebelles avec le titre de chanh-quan, et affilié au complot dès son organisation, homme énergique et dangereux, l'ancien caï de la milice Phan-van-vo a également participé, d'une façon effective, à l'assassinat du phu Ca. Un de ses co-accusés, le nommé Le-van-dat, qui a fait sur beaucoup de points des aveux d'une importance capitale, a déclaré que Vo se tenait auprès de Hon au moment du crime ; Van, fils de Hon, aurait, à ce moment, saisi l'épée de Vo pour trancher le bras de la victime ; et cette déclaration paraît être confirmée par celle du bonze Trang qui, à son arrivée à Hoc-mon, a vu Vo près de la porte du fort, tenant un sabre à la main ; à côté de lui, un autre individu soulevait la tête du phu. Hon, enfin, accuse le caï Vo d'avoir pris la part la plus active à la prise de la citadelle et d'avoir frappé le doc-phu-su Ca d'un coup de sabre à la figure. Un fait matériel vient encore appuyer ces diverses déclarations : lorsque les bandes ont quitté Hoc-mon, c'est Vo qui, de son propre aveu, a emporté le fusil avec lequel la victime s'était défendue ; et cette circonstance permet d'affirmer que cet accusé a tout au moins approché de bien près le vieux fonctionnaire. Dans ses différents interrogatoires, Pham-van-vo, tout en reconnaissant avoir fait partie de la bande commandée par Hon, prétend n'être arrivé à Hoc-mon qu'après l'accomplissement de l'œuvre de destruction. Il reconnaît toutefois sa participation aux incendies de Ba-diem et de Cho-moi. Suivant les déclarations du phu Luong, cet accusé aurait d'ailleurs un passé déplorable et aurait déjà été arrêté trois fois pour vols à main armée.

3.

Quant au forgeron Lam-van-thi, il a, comme le précédent, fait partie des assemblées préliminaires qui se sont tenues chez Hon, en décembre 1884 et janvier 1885, pour organiser la révolte ; au moment de l'action, il commandait, avec le grade de chanh-lanh-binh, la bande de Tan-thoi-tam. Un des fils du phu Ca, Tran-tu-ban, a reconnu Thi parmi les chefs de rebelles les plus acharnés à la prise du fort ; et cette déclaration est confirmée par celle du phu Luong, autre fils de la victime. Hon, de son côté, dans un interrogatoire qu'il a subi devant M. l'administrateur de Binh-hoa, déclare que c'est Thi qui a porté au phu Ca le premier coup de lance. En ce qui concerne d'ailleurs les incendies du village de Tan-thoi-tam, Thi est accusé d'en être le principal auteur : c'est lui qui, avec le bonze Trang, a fait mettre le feu à l'église, au presbytère, et aux maisons avoisinantes ; c'est lui qui est responsable, de ce chef, de la mort de la malheureuse petite victime qui y a péri dans les flammes.

Le bonze **Pham-van-thuyen**, dit *Trang*, de Tan-thoi-tam, qui a également assisté, chez Hon, aux assemblées dans lesquelles les chefs se sont concertés, est aussi l'un des accusés les plus compromis dans les affaires d'Hoc-mon. Il résulte d'ailleurs de ses propres aveux qu'il devait nourrir contre le phu Ca, par ordre duquel il avait été expulsé de la pagode de Tan-thoi-nhut, des motifs particuliers de haine et de vengeance. Relativement aux événements d'Hoc-mon, Trang a contre lui deux déclarations dont le caractère de gravité n'a pu échapper à l'accusation. L'un des défenseurs de la petite citadelle, le doï Moi, prétend avoir entendu Trang pousser les cris : *à mort ! à mort ! (chem ! chem !)* au moment où, vaincu par le nombre, il abandonnait, avec les autres miliciens, la défense des remparts. Hon, dans un de ses nombreux interrogatoires, déclare de son côté qu'à son arrivée à Hoc-mon, Trang, cherchant sans doute à faire valoir ses services auprès de lui, lui avait affirmé qu'il avait sûrement frappé le phu, mais sans pouvoir préciser l'endroit où son coup avait porté. Trang a d'ailleurs, et sur ce point le doute n'est pas possible, pris une part très active aux incendies du village de Tan-thoi-tam ; il reconnaît lui-même, dans son interrogatoire du 12 mars, avoir fait partie de la bande qui a mis le feu à la maison de la femme du phu et à l'église, en ajoutant toutefois qu'il ne faisait qu'exécuter en cela les ordres suprêmes de Hon.

L'accusé **Nguyen-van-do**, de Tan-thoi-tay, qui avoue avoir fait partie de la bande de rebelles commandée par Trang, a été également reconnu par le doï Moi au moment de l'attaque du fort d'Hoc-mon. Le témoin Ban, fils du phu Ca, l'a aperçu à cet instant, vêtu d'un habit de guerre et armé d'un sabre ; il semblait diriger, avec Len et Oai, une bande d'une cinquantaine d'hommes qui marchait contre le fort. Trang a d'ailleurs, déclaré de la façon la plus précise, qu'au moment de l'incendie de l'église et des maisons du village de Tan-thoi-tam, Do avait apporté des poignées de paille pour allumer le feu. Enfin, la femme du doï Moi, Thi-lau, et le témoin Le-van-thanh, de Tan-thoi-dong, ont reconnu tout particulièrement cet accusé parmi les incendiaires de leurs maisons.

Mêmes accusations sont portées contre les accusés **Tran-van-len** et **Nguyen-van-oai**. Comme le précédent, ils ont fait partie de la bande qui a incendié le village de Tan-thoi-tam ; comme le précédent, ils ont été, au moment même du sinistre, formellement reconnus par la femme Thi-lau et le nommé Thanh, et les détails très précis fournis à leur égard par ce dernier témoin ne peuvent, malgré leurs dénégations, laisser subsister aucun doute sur leur participation à ce crime.

L'accusé **Nguyen-van-lanh**, qui a coopéré au mouvement en qualité de pho-lanh-binh de la bande de Vinh-loc, a, dès les premiers moments, pris une des parts les plus actives aux événements du 8 février. C'est lui qui, à la tête d'une trentaine d'hommes, a mis le feu au marché de Ba-diem ; cela fait, il a opéré sa jonction avec la bande du caï Vo et a marché avec lui à l'attaque d'Hoc-mon. Lanh a opposé à ces accusations, qui résultent des aveux de Pham-van-hon, les dénégations les plus formelles : il prétend n'avoir même pas participé à la rébellion et affirme que, ce soir-là, il était malade et couché. Mais des déclarations qui proviennent, non plus d'un accusé mais de deux témoins complètement désintéressés, les nommés Truong-van-tu et Huinh-van-ven, de Tan-thoi-nhut, viennent mettre à néant ce système de défense. Ces témoins affirment, en effet, avoir vu Lanh au nombre des rebelles qui ont envahi leur village dans la soirée du 8 février ; il paraissait en être le chef et a menacé de mettre le feu à tout le village si les notables n'arrivaient pour lui fournir des recrues. La fille de Hon, Thi-tam, a vu Hanh chez son père au moment où le signal convenu appelait les rebelles à la maison commune. Dans ces conditions, la participation de cet accusé aux crimes commis à Ba-diem et à Hoc-mon ne saurait être mise en doute. Il est plus particu-lièrement accusé encore, par le bonze Trang, d'avoir été l'un des chefs de la bande qui a incendié l'église et les maisons du village de Tan-thoi-tam.

Des charges analogues avaient été relevées par l'accusation contre le nommé **Pham-van-ho,** aujourd'hui décédé.

Le-van-da, Vo-van-chu et Bui-cong-ho. — Les accusés **Le-van-da, Vo-van-chu** et **Bui-cong-ho,** du village de Tan-thoi-tu, ont également participé aux actes du 8 février, Da et Chu avec les titres de pho-quan, Ho avec celui de ly-truong. Tous trois ont été formellement reconnus par le témoin Tran-van-gio, de leur village, comme ayant fait partie de la bande de rebelles qui a mis le feu à sa maison et à celle de la femme Thi-lieu, et ce témoin donne sur ces faits des détails dont la précision confirme l'authenticité de sa déclaration. Les deux premiers ont d'ailleurs été reconnus par le nommé Ban, fils du phu, au moment où ils parcouraient Hoc-mon pour rassembler les rebelles, et Ho est désigné plus spécia-lement par ce témoin comme ayant marché à la tête de la bande qui a livré aux flammes le village de Tan-thoi-tam. Détail bien précis à ce sujet : Ban affirme avoir entendu Ho recommander aux rebelles de ne pas brûler les compartiments qui lui appartenaient. Malgré ces preuves accablantes, ces trois accusés ont constamment nié leur participation aux crimes qui leur sont reprochés.

Nguyen-van-vien, Tran-van-sanh. — L'accusé **Nguyen-van-vien,** de Tan-thong-thon, a joué, malgré son grand âge, un rôle très actif dans la rébellion. Il est désigné par les chefs suprêmes Nam-soc, Nam-vi et Hon comme ayant été, en qualité de chef de la bande de Tan-thong-thon, un de leurs lieutenants les plus actifs et les plus dévoués. L'accusation n'a pu établir, d'une manière formelle, sa présence à Hoc-mon au moment de la prise du fort et du massacre du phu ; mais, une déclaration impor-tante faite à l'instruction par le nommé Nguyen-van-nguon, maire de la commune de Tan-phu-thuong, vient prouver l'acharnement que ce chef de bande a mis dans l'accomplissement de ses fonctions : le lendemain des événements d'Hoc-mon, dans la matinée du 9 février, il envahissait en effet, à la tête d'une cinquantaine d'hommes, le village de Tan-phu-thuong, pour chercher à recruter encore, par des menaces, des adeptes à la rébellion ; et cette déclaration est confirmée par deux autres témoins entendus à l'instruction. Vien nie, d'ailleurs, tous les faits pour lesquels il est recherché.

Tran-van-sanh, de Tan-phu-thuong, qui commandait en sous-ordre dans la bande de Vien, a été également vu, dans la matinée du 9 février, par le maire de ce village et les témoins Lanh et Huy : à la tête de plus de cinquante hommes, il a envahi la maison commune, et donné ordre aux notables, en proférant des menaces de mort, de recruter des rebelles. Sanh conteste éga-lement l'authenticité de ces déclarations.

Nguyen-van-dieu. — **Nguyen-van-dieu,** caï de l'ancien régime, était tout désigné, par ses anciennes attaches, pour jouer un rôle important dans le complot. Le phu Luong le dénonce comme ayant été l'un des principaux chefs de la bande de Tan-thoi-nhi dans laquelle il portait le titre de chanh-lanh-binh (général en premier), et affirme, en outre, qu'il avait déjà été arrêté pour participation à des rébellions antérieures. Le sous-chef de canton Thach, qui a fait procéder à l'arrestation de cet accusé, déclare, d'ailleurs, que c'est Dieu qui a dépêché chez lui les notables du village de Tan-thoi-nhi pour le sommer de faire sa soumission aux rebelles. Nguyen-van-dieu a constamment refusé d'avouer sa participation à la rébellion.

Tran-van-xanh.

La principale accusation portée contre **Tran-van-xanh**, de Tan-thoi-nhi, est celle d'avoir proposé, au moment où le phu Ca tombait sous les coups de ses nombreux assassins, de livrer son corps aux flammes. Deux témoins entendus au cours de l'instruction, les nommés Ban et Luong, fils du phu, ont porté sur ce point une accusation formelle contre Xanh, accusation que Ban a pu préciser avec détails. Cet accusé a, d'ailleurs, été remarqué parmi les rebelles présents à Hoc-mon au moment de l'attaque du fort, par le témoin Vo-van-nhieu, de Tan-thoi-tu : il paraissait même, d'après la déclaration de ce témoin, exercer sur ceux qui l'entouraient une autorité assez considérable. Hon, enfin, après avoir déclaré qu'il n'avait jamais vu Xanh, a fini par le reconnaître devant le magistrat instructeur.

Duong-van-ti, Duong-van-thinh, Tran-van-thi.

Dès ses premiers interrogatoires devant M. l'administrateur de Binh-hoa, l'accusé Pham-van-hon a formellement désigné les deux frères **Ti** et **Tinh**, du village de Tan-thoi-thuong, comme ayant fait partie de la bande qui a pris, sous le commandement du caï Vo, la part la plus active aux événements d'Hoc-mon. Ti et Thinh étaient, suivant ses propres expressions, au nombre des hommes les plus déterminés choisis par les chefs Nen et Vo; et ils ont marché les premiers à l'assaut du fort. L'un et l'autre ont, en outre, été reconnus au moment de la prise de la petite citadelle, par les deux fils du phu Ban et Khue. L'accusation a, d'ailleurs, recueilli sur le compte de ces deux accusés les renseignements les plus déplorables : ils sont tous deux, de notoriété publique, des voleurs de profession; et l'année dernière, Thinh a été recherché par la police pour participation à un acte de piraterie commis à Binh-tri-thuong. Les conditions dans lesquelles l'arrestation de ce dernier a été opérée constituent à elles seules une preuve de sa culpabilité : Thinh a été arrêté au marché de Cholon par l'agent Tran-van-noi, qui, ayant remarqué ses allures suspectes, l'avait suivi, et entendu s'enquérir, de marchande en marchande, si l'on continuait à procéder à des arrestations dans les villages voisins d'Hoc-mon. Malgré ces preuves formelles de leur culpabilité, Ti et Thinh ont constamment nié leur participation aux crimes qui leur sont reprochés. Le premier a été, toutefois, moins formel dans ses dénégations, et s'est vu forcé de reconnaître qu'il avait suivi, malgré lui, la bande de rebelles de son village; mais, il a ajouté qu'il s'était esquivé au bout de quelques instants.

Tran-van-thi, notable principal du village de Tan-thoi-thuong, a également marché à la tête de la bande formée dans ce village. Suivant une déclaration faite à Thudaumot par le caï Vo, ce serait Thi qui aurait été l'organisateur de cette bande, dans laquelle il portait le titre de pho-tong-lanh que Hon lui avait directement conféré. Il aurait ainsi participé aux incendies de Ba-diem, et se serait chargé lui-même de prévenir Hon de la réussite de ces premières opérations. Cela fait, Thi aurait pris la direction d'une des bandes, et marché avec elle sur Hoc-mon. Vo ajoute, dans cette première déclaration, que l'accusé Thi a pris part au meurtre du phu Ca. Le caï Vo a d'ailleurs renouvelé à l'instruction toutes ses déclarations relatives à la participation de Thi à la rébellion et à sa coopération aux incendies de Ba-diem; il a été moins formel sur les événements particuliers d'Hoc-mon. Thi a nié formellement tous ces faits; et pour expliquer son absence de son domicile pendant toute la nuit de la révolte, il s'est contenté de dire qu'il avait eu peur et qu'il s'était caché dans la forêt.

Le-van-dat.

L'accusé **Le-van-dat** est celui qui, au début de l'information, a fait devant M. l'administrateur de Thudaumot les aveux les plus complets, et a fourni les renseignements les plus précis sur un grand nombre de ses co-accusés. Dat, embauché par Vo-van-chu, a reconnu avoir fait partie de la bande de rebelles formée au village de Tan-thoi-tu ; il a marché avec elle sur Hoc-mon et a assisté à la prise du fort et à l'assassinat de son défenseur. Il donne sur ces faits des détails plus précis encore et déclare qu'il se tenait lui-même, au moment des événements, à la porte de la citadelle, armé d'un grand et solide bambou. En présence du magistrat instructeur, Dat a été, dès l'abord, moins affirmatif ; tout en persistant à dénoncer les noms des principaux chefs de la rébellion, il a prétendu qu'il n'y avait pas participé personnellement et a déclaré que c'était le maire Chu qui lui avait raconté tous les détails qu'il en savait. Puis il s'est renfermé dans un système de dénégation absolue ; mais l'accusation a le droit de retenir les premiers aveux de l'accusé, aveux conformes à la vraisemblance et que viennent corroborer, d'ailleurs, des déclarations de témoins. L'un d'eux, le nommé Nguyen-van-thon, de Trung-chanh, reconnaît Dat pour l'avoir vu chez lui dans la nuit du 8 février, parmi les rebelles arrêtés pour se désaltérer ; à ce moment il portait une lance. Un autre témoin, le nommé Vo-van-huot, de Tan-thoi-nhi, chez qui Dat, pour invoquer un alibi, prétend avoir passé la nuit du 8 au 9, lui a donné sur ce point un démenti formel.

Nguyen-van-dinh, Nguyen-van-de, Van-duc-choi, Nguyen-van-dao, Tran-van-phi, Nguyen-van-hieu, Ung-van-tron, Banh-van-hien, Nguyen-ba-xuyen, Le-van-trong.

Une accusation commune pèse sur les dix accusés **Nguyen-van-dinh, Nguyen-van-de, Van-duc-choi, Nguyen-van-dao, Tran-van-phi, Nguyen-van-hieu, Ung-van-tron, Banh-van-hien, Nguyen-ba-xuyen** et **Le-van-trong,** tous affiliés à la bande de Tan-dong-thuong. Ils ont été reconnus par le témoin Chap, fils du chef de canton Loi, parmi les incendiaires de la maison de son père. Cette déclaration est particulièrement précise en ce qui concerne le nommé Xuyen, qui aurait été le premier à donner l'ordre de forcer les portes de la maison et de prendre des torches pour y mettre le feu. Outre ce fait général, diverses charges spéciales ont été recueillies sur la plupart de ces accusés.

Choi et Phi, de Tan-dong-thon, sont désignés par leur complice Vap et par deux autres habitants de leur village, les témoins Hieu et Kiem, comme ayant fait partie de la bande de rebelles en qualité de chefs en sous-ordre : l'un portait le titre de chanh-co, l'autre celui de chanh-doi-truong. Dao, du même village que les précédents, a été également dénoncé par le témoin Hieu. De, qui avait été revêtu de la dignité de pho-lanh-binh, a été vu par le nommé Nguyen-van-sam, de An-lac, à la maison commune de ce village, au moment où les rebelles s'y réunissaient ; il portait, dit ce témoin, une épée à la main. L'accusé Dinh, de Tan-dong-thon, auquel on attribue le titre de pho-lanh-binh, se serait rendu, avant la rébellion, chez le chef de canton Nguyen-tuong-trung, pour chercher à l'embaucher, et il est tout particulièrement désigné par ce témoin comme étant un homme dangereux. Nguyen-van-hieu, frère du chef de canton Luat, dont la conduite, pendant les événements du 8 février, a été si suspecte, a également cherché à recruter des adeptes à la rébellion. Trong, de Tan-dong-thuong, a été remarqué par un témoin, le nommé Nguyen-van-nguu, au nombre des rebelles qui se rassemblaient à la maison commune du village. Tous ces accusés ont, d'ailleurs, nié les crimes qui leur sont reprochés. Un seul d'entre eux, le plus compromis, a fait, dans ses premiers interrogatoires, des aveux partiels : c'est le nommé Nguyen-ba-xuyen, de Tan-dong-tuong ; cet accusé qui aurait été, d'après l'aveu presque unanime des habitants de son village, le chef suprême de la bande, a reconnu devant l'administrateur enquêteur qu'il y avait été affilié, mais en qualité de tho-laï seulement. Il est revenu, il est vrai, sur ses premiers aveux, qu'il importe néanmoins de retenir. Un habitant du village, le nommé Dang-van-huong, le désigne en effet, clairement, comme l'ayant vu à la tête des malfaiteurs ; un autre témoin, le nommé Nguyen-van-nguu, a été menacé de mort par lui, s'il allait prévenir le chef de canton de ce qui se passait. Enfin une accusation d'une gravité toute spéciale a été portée contre Xuyen par Le-van-dat : cet accusé a déclaré que Xuyen, armé d'un sabre, se trouvait chez Hon lorsque les principaux chefs s'y sont réunis pour concerter leur marche sur Hoc-mon.

4.

Comme les précédents, les accusés **Nguyen-van-loi, Nguyen-van-vap** et **Tran-van-nguyen**, ont fait partie de la bande formée dans les centres de Tan-dong-truong et Tan-dong-thon; et semblent avoir joué un rôle important dans les événements. Loi est dénoncé de ce chef par plusieurs habitants de son village, notamment les témoins Hieu et Kiem, qui l'ont vu à la maison commune à la tête des rebelles qui s'y rassemblaient. D'autre part, le chef de canton Nguyen-tuong-trung, porte contre lui une accusation analogue à celle qu'il a formée contre l'accusé Dinh, et déclare qu'il était au nombre des rebelles qui sont venus le chercher chez lui pour l'embaucher. Enfin Vap, qui cherche à se disculper en rejetant sur d'autres tout le poids des crimes qui lui sont reprochés, accuse Loi de l'avoir menacé de mort s'il ne se joignait à la bande. Nguyen a contre lui la déclaration formelle de Pham-van-viet, qui l'a vu prendre la direction des rebelles, et l'a entendu convoquer les habitants du village pour marcher avec lui à l'attaque d'Hoc-mon.

Vap, maire du village de Tan-dong-thon, est formellement dénoncé par de nombreux témoins. C'est en vain, d'ailleurs, qu'il a essayé d'invoquer un alibi. Les témoins qu'il a fait produire déclarent : les uns, l'avoir quitté à huit heures du soir, au moment même où l'on battait, à la maison commune, le rappel des rebelles; les autres, l'avoir vu venir se réfugier dans la forêt, derrière une pagode, mais après la deuxième veille seulement ; il ne peut justifier en aucune façon de l'emploi du temps intermédiaire.

Les accusés **Nguyen-van-thieng**, de Tan-dong-thon, et **Nguyen-van-nam**, de Tan-thoi-thuong, sont les deux seuls sur lesquels on ait pu retrouver, au moment de leur arrestation, des traces de blessures. Thieng, qui portait à la jambe gauche une plaie que l'homme de l'art commis à cet effet a déclaré provenir d'une balle de revolver, n'a pu nier complètement, en présence de ce fait matériel, sa participation à la rébellion ; mais il a prétendu, pour chercher à écarter la preuve d'une évidente culpabilité, qu'il avait été entraîné de force et que c'est en essayant de s'esquiver qu'il a été atteint. Nam, qui a été blessé à la jambe droite à l'aide de quelque instrument pointu, a également été obligé de reconnaître qu'il avait fait partie de la bande qui s'est portée sur Ba-diem, Xuan-thoi (près Hoc-mon) et Quang-tré : il aurait d'ailleurs assisté, en simple spectateur, aux incendies allumés dans la première de ces localités, et ne serait pas, contre toute vraisemblance, allé à Hoc-mon. Sa blessure aurait du reste, selon lui, la même origine que celle de Thieng, et lui aurait été faite par les rebelles eux-mêmes. L'accusation ne pouvait s'arrêter à un pareil système de défense, que l'évidence même des faits réduit à néant : c'est à l'attaque de Cho-moi, où Kué, l'un des fils du phu Ca, s'est défendu à l'aide d'un revolver, que ces deux accusés ont été atteints. L'attitude de Nam, quelque temps avant son arrestation, ne laisse subsister aucun doute sur sa culpabilité : cet accusé a essayé de corrompre, par des offres d'argent, le nommé Den qui avait constaté sa blessure et pouvait témoigner de son origine ; c'est, d'ailleurs, par lui qu'il a été dénoncé.

L'accusé **Le-van-sat**, de Tan-thoi-nhut, parent de Hon, s'est trahi lui-même en fournissant, dans ses différents interrogatoires, des renseignements très précis sur les incendies de Ba-diem : il a tout vu, mais il n'a rien fait. Selon lui, en effet, il n'était là que par hasard, en visite chez son père Dua, dans la maison duquel il s'est caché. Son système de défense est détruit par Hon lui-même qui le désigne comme s'étant joint à la bande commandée par son fils Van : c'est lui qui, à l'arrivée à Ba-diem de la bande du caï Vo, a frappé le tam-tam à la maison commune pour réunir les rebelles. La déclaration de la femme Thi-tham, fille de Hon, qui dit qu'elle a vu Sat venir très souvent chez son père avant la rébellion, pour s'entendre avec lui, est une autre preuve de la participation de cet accusé aux événements du 8 février.

Les accusés **Huynh-van-tinh** et **Nguyen-van-xe** ont été, avec Qua, les principaux organisateurs de la bande de My-hanh. L'accusation a recueilli, en effet, contre eux, de nombreuses déclarations, qui émanent de presque tous les habitants de leur village ; et ils sont entrés euxmêmes, en présence de l'évidence des faits, dans la voie des aveux. Tinh, auquel Hon avait conféré, par l'entremise de Qua, le titre de pho-tong-binh, a été trouvé porteur, au moment de son arrestation, d'un bang-cap au nom de Tan, qu'il reconnaît lui appartenir, et d'un autre brevet dans lequel il est désigné sous le titre dont il était investi. Dès le 6 février, il s'était entendu avec Qua pour organiser la bande levée dans leur village ; il a marché avec elle sur Ba-diem, mais n'est arrivé, dit-il, qu'après l'incendie de ce village. Il nie d'ailleurs, contre toute vraisemblance, avoir été à Hoc-mon, où il a certainement suivi la bande de Qua.

Des charges absolument identiques pèsent sur l'accusé Xe, qui a exercé dans la bande un commandement assez important sous le titre de chan-quan, et qui a fait, d'ailleurs, les mêmes aveux que le précédent.

Dong-tan-phi, également originaire de l'arrondissement de Cholon, s'est chargé de recruter pour le compte de Hon, dans le village de My-hoa, des hommes déterminés qui sont venus se joindre aux bandes de Ba-diem. Il s'est porté avec Hon sur Hoc-mon, mais prétend, ainsi que son chef, qu'à leur arrivée dans ce poste tout était terminé. L'accusation sait déjà quelle foi il y a lieu d'ajouter à cette assertion, qui est la base du système de défense de tous les accusés.

Le rôle que l'accusé **Nguyen-van-luat** ou *Luc* a joué dans les événements du 8 février est tout particulièrement suspect. Il exerçait en effet, à ce moment, les fonctions de chef de canton et devait, par cela même, être mieux placé que tout autre pour découvrir le complot qui se tramait sous ses yeux, et pour en dénoncer les auteurs à l'Administration qu'il était chargé de représenter. Voici ce que son devoir l'obligeait de faire, voilà ce qu'il a fait : autour de lui ses frères Luan et Hua, son proche parent Hoai prennent la part la plus active et la plus diligente au complot, sans que ce fonctionnaire modèle paraisse s'en émouvoir ; on lève des hommes, on organise la révolte dans tous les villages qui sont confiés à sa surveillance : il ne voit rien, ne dit rien. Cette inaction coupable, que rien ne peut justifier, donne à elle seule, à l'accusation, le droit d'affirmer que Luat a été affilié au complot. La déclaration d'un témoin, dont il est difficile de suspecter la sincérité, vient prouver que cet accusé y a pris une part active ; le jeune annamite Du, attaché au service de Luat en qualité de comédien, a déclaré, en effet, à l'instruction, qu'il avait vu partir son maître pour Hoc-mon dans la soirée du 8 février, en compagnie des rebelles qui étaient venus le saluer du titre de chanh-lanh-binh.

L'accusé **Huynh-van-huan**, de Trung-chanh, est dénoncé par Hon comme ayant été l'organisateur de la bande de Chu-chi qui a coopéré, sous ses ordres, aux affaires d'Hoc-mon et de Cho-moi. Cet Annamite avait d'ailleurs fait auprès de Hon, dès le commencement de janvier, en compagnie d'un nommé Tai, des démarches dans le but d'organiser la rébellion : adressé à Nam-soc, il était revenu de chez le grand chef avec un brevet qui lui conférait le grade de chanhbien-ly. Les déclarations formelles de deux témoins viennent confirmer ces dénonciations : l'un, le nommé Le-van-do, ancien notable du village de Vinh-loc, déclare que c'est Huan qui l'a arrêté à la maison commune et l'a contraint, par des menaces de mort, à marcher avec les rebelles ; l'autre, Tam, fils du phu Ca, affirme que la bande qui a attaqué Cho-moi avec le plus d'acharnement est celle de Chu-chi, sous la direction de Huan.

Tous les habitants du village de Vinh-loc qui ont été arrêtés sous inculpation de participation à la rébellion, puis relaxés faute de preuves suffisantes, n'ont cessé de désigner *Huy* et *Gia* comme ayant été, dans leur village, les organisateurs les plus actifs de la révolte.

Nguyen-van-huy a été obligé d'avouer, en présence des nombreuses accusations qui l'accablaient, sa participation aux événements du 8 février. Il cherche, il est vrai, à atténuer sa responsabilité en niant qu'il ait été un des principaux chefs de la bande, mais les déclarations de son propre complice Gia, jointes à de nombreux témoignages recueillis à l'instruction, viennent le confondre sur ce premier point. Il a été établi, d'autre part, que c'est à l'arrivée de la bande de Vinh-loc à Ba-diem que les incendies se sont allumés dans cette localité, et Hon accuse formellement Huy d'en être le principal auteur.

Nguyen-van-gia est sous le coup des mêmes accusations : les mêmes dénonciations et les mêmes témoignages ont été recueillis contre lui. Cet accusé a fait d'ailleurs des aveux assez complets. Il a reconnu qu'il avait été, avec le titre de doï, l'un des chefs des malfaiteurs recrutés dans son village. La tâche spécialement assignée à sa bande par Nam-soc, dont elle dépendait directement, était de prendre et d'incendier l'inspection de Binh-hoa, et d'y massacrer les Européens ; après la victoire, on devait, dit-il, le proclamer roi.

Nguyen-van-luong, Le-van-deu. Les accusés **Nguyen-van-luong** et **Le-van-deu**, du village d'An-lac, ont reçu des ordres directs de Nam-soc pour recruter dans leur commune des adeptes à la révolte. Luong, qui a pris la part la plus active dans ces opérations, avait reçu du grand chef un brevet de doï et un cachet. Deu servait immédiatement sous ses ordres. L'un et l'autre sont également dénoncés par de nombreux habitants de leur village pour avoir usé, sans ménagements, de menaces et de violences pour opérer le recrutement. Ils ont d'ailleurs fait, tous deux, des aveux plus ou moins complets. La bande qu'ils dirigeaient n'a passé ni à Ba-diem ni à Hoc-mon, elle devait rallier directement Saigon, et c'est à Ba-queo, à peu de distance de la capitale, qu'elle s'est dispersée.

Do-van-cong, Pham-van-chu. Les accusés **Do-van-cong**, de Binh-hung, et **Pham-van-chu**, de Duc-hoa, compromis comme tous les précédents dans les événements généraux d'Hoc-mon, sont ceux contre lesquels l'accusation n'a pu réunir que les preuves les moins nettes et les moins concluantes. Toutefois, les renseignements fort précis fournis sur le compte de Cong par Pham-van-hon, renseignements d'après lesquels cet accusé aurait été, avant comme pendant l'action, un des agents les plus actifs du complot ; les entrevues fréquentes qu'il aurait eues avec Nam-soc ; le titre de tong-binh qu'on lui attribue, tous ces faits réunis ont paru constituer contre lui un faisceau de charges suffisant pour motiver sa mise en accusation.

En ce qui concerne Pham-van-chu, cet accusé, qui semble avoir été un des émissaires les plus actifs de Nam-soc, a apporté au sous-chef de canton de Cau-an-ha et au conseiller d'arrondissement de ce canton des ordres écrits émanant du chef, dans lesquels il était prescrit à ces deux fonctionnaires de lever les dan de leurs villages pour les conduire à Phu-nhuan. Chu a d'ailleurs avoué ce fait, tout en prétendant, contrairement à toute évidence, qu'il ignorait absolument le contenu de ces écrits.

Nguyen-van-binh, Nguyen-van-chanh. Pendant que ces graves événements se déroulaient à Hoc-mon, des agents affiliés à la même bande s'efforçaient de provoquer des soulèvements analogues au marché de Can-gioc, dans l'arrondissement de Cholon. Le complot, habilement ourdi, avait pour but l'incendie du poste et le massacre du fonctionnaire indigène qui y réside. Le danger a fort heureusement pu être conjuré, grâce à l'intelligente activité déployée par les autorités, et l'on a pu procéder à l'arrestation des deux principaux organisateurs du complot, les nommés **Nguyen-van-binh** et **Nguyen-van-chanh.**

L'accusé Binh, dont la réputation est d'ailleurs fort mauvaise, a d'abord essayé de nier sa participation aux faits qui lui étaient reprochés, puis il est entré dans la voie des aveux en reconnaissant qu'il s'était rendu chez Nam-soc dès le 1er février pour se concerter avec lui, et qu'il avait reçu du chef, par l'intermédiaire du thay Ho, le titre de doï-chien-tam, avec la mission de s'emparer de Can-gioc dès que l'ordre d'agir lui serait transmis.

Chanh jouit également d'un passé très compromettant; venu d'Annam avec d'autres officiers de Hué, il a défendu contre nos troupes, au moment de la conquête, les lignes de Ki-hoa. Binh l'a dénoncé comme ayant fait partie du complot avec le titre de quan-bien-ly. C'est lui qui s'est chargé de dresser la liste des dan de son village qui devaient rejoindre Nam-soc; c'est lui qui devait, au moment de l'action, marcher sur Cholon. Cet accusé, après de nombreuses dénégations, a fini par reconnaître la véracité de ces accusations.

Telles sont les preuves matérielles de culpabilité que l'accusation a pu recueillir contre chacun des accusés; tous ont pris une part active à la rébellion et se sont, par conséquent, rendus complices de tous les crimes perpétrés au cours des événements. La plupart d'entre eux ont, en outre, participé en qualité d'auteurs principaux aux crimes d'incendies volontaires et d'assassinat dont les localités envahies par les bandes de malfaiteurs ont été le théâtre.

En conséquence,

Les ci-après dénommés sont accusés :

1° **Nguyen-van-buong**, dit *Nam-soc*, âgé de 57 ans, boucher, fils de parents inconnus, né à Hoa-my (20e arrondissement) domicilié à Phu-nhuan, arrondissement de Saigon; de s'être rendu coupable, dans le courant des années 1884 et 1885, dans les arrondissements de Saigon et de Cholon : — 1° de complot dont le but était de détruire ou de changer le gouvernement établi; d'exciter les habitants à la guerre civile, et de porter la dévastation, le massacre et le pillage dans une ou plusieurs communes; — 2° d'avoir organisé ou fait organiser dans ce but des bandes devant commettre, dans la nuit du 8 au 9 février 1885, les crimes énoncés ci-dessus; — 3° de complicité, en y ayant provoqué par dons, promesses ou menaces, ou en ayant donné les instructions nécessaires pour les commettre, des crimes : — 1° d'incendies volontaires commis dans la nuit du 8 au 9 février 1885, aux villages de Ba-diem (Tan-thoi-nhut), d'Hoc-mon (Tan-thoi-nhi, Tan-thoi-tu, Tan-thoi-tam et Tan-thoi-tay) et de Tan-dong-thuong, au préjudice des nommés Tran-tu-ban et Thi-mau, fils et femme du doc-phu-su Ca, Nguyen-van-loi, chef de canton, Nguyen-ngoc-thach, missionnaire, Nguyen-ngoc-chan, Le-van-dang, Dam-van-toi, Phan-van-truong, Duong-van-sam, Nguyen-van-binh, Vo-van-lai, Pham-van-tai, Nguyen-van-hiep, Vo-van-chuyen, Loi-van-liem, Trinh-van-truong, Le-van-vo, Nguyen-van-leu, Le-van-nhieu, Huynh-van-do, Pham-van-nen, Long-thi-tri, Nguyen-thi-cua, Tran-van-de, Le-van-thanh, Tran-thi-lieu, Thi-muon, Nguyen-van-gio, habitant ces localités, avec cette circonstance que les dites maisons incendiées étaient habitées ou servaient à l'habitation; au fort d'Hoc-mon, maisons d'habitation et dépendances; à l'église et au presbytère du village de Than-thoi-tam; — 2° d'homicide volontaire commis avec préméditation, dans la nuit du 8 au 9 février, à Hoc-mon, sur la personne du doc-phu-su Tran-tu-ca; — 3° de meurtre de la femme Thi-mau, épouse légitime du phu Ca, et d'un jeune enfant, décédés tous deux dans les flammes, dans la nuit du 8 au 9 février 1885, la première dans la maison d'habitation du fort d'Hoc-mon; le second dans la maison du gardien De de l'église de Tan-thoi-tam; — 4° de soustraction frauduleuse d'objets mobiliers, commise dans les mêmes conditions de temps, au préjudice du doc-phu-su Tran-tu-ca et dans son domicile, à Hoc-mon, avec les circonstances aggravantes de nuit, de pluralité d'auteurs et de port d'armes apparentes ou cachées;

2° **Pham-van-hon**, âgé de 68 ans, cultivateur, fils de feu Pham-van-hoa et de feue Thi-duoc, né et domicilié à Than-thoi-nhut, arrondissement de Saigon ; de s'être rendu coupable : — 1° du complot et de l'attentat ci-dessus spécifiés ; — 2° de s'être mis à la tête de toutes les bandes levées dans l'intérieur pour commettre les crimes énoncés plus haut ; — 3° de complicité par dons, promesses, menaces, provocations et instructions des auteurs desdits crimes ;

3° **Nguyen-van-qua**, âgé de 55 ans, fils de feu Nguyen-van-dinh et de Le-thi-ngoat, né et domicilié à My-hanh, arrondissement de Cholon ; de s'être rendu coupable : — 1° du complot et de l'attentat ci-dessus spécifiés ; — 2° de s'être mis à la tête de la bande de son village pour commettre les crimes énoncés plus haut ; — 3° d'avoir, dans la nuit du 8 au 9 février 1885, à Hoc-mon, commis, avec préméditation, un homicide volontaire sur la personne du doc-phu-su Tran-tu-ca ; — 4° de complicité, par aide et assistance, des auteurs de tous les autres crimes sus-énoncés ;

4° **Nguyen-van-xiem**, âgé de 41 ans, forgeron, fils de Nguyen-van-luon et de feue Huynh-thi-dui, né et domicilié à Tan-thoi-nhut, arrondissement de Saigon ; de s'être rendu coupable : — 1° du complot et de l'attentat ci-dessus spécifiés ; — 2° d'avoir, dans les circonstances de temps et de lieu déjà établies, commis, avec préméditation, un homicide volontaire sur la personne du doc-phu-su Tran-tu-ca ; — 3° de complicité, par aide et assistance, des auteurs de tous les autres crimes sus-énoncés ;

5° **Pham-van-vo**, âgé de 50 ans, ancien caï de la milice, cultivateur, fils de feu Pham-van-vang et de feue Thi-nguyen, né et domicilié à Tan-thoi-thuong, arrondissement de Saigon ; de s'être rendu coupable : — 1° du complot et de l'attentat ci-dessus spécifiés ; — 2° de s'être mis à la tête de la bande de son village pour commettre les crimes énoncés plus haut ; — 3° d'avoir, dans les circonstances de temps et de lieu déjà établies, commis, avec préméditation, un homicide volontaire sur la personne du doc-phu-su Tran-tu-ca ; — 4° d'avoir mis volontairement le feu à un groupe de maisons indéterminé, sises au village de Tan-thoi-nhut (Ba-diem), les dites maisons étant habitées ou servant à l'habitation ; — 5° de complicité, par aide et assistance, des auteurs de tous les autres crimes sus-énoncés ;

6° **Lam-van-thi**, âgé de 48 ans, forgeron, fils de feu Lam-van-o et de feue Pham-thi-lon, né et domicilié à Tan-thoi-tham, arrondissement de Saigon ; de s'être rendu coupable : — 1° du complot et de l'attentat ci-dessus spécifiés ; — 2° de s'être mis à la tête de la bande de son village pour commettre les crimes énoncés plus haut ; — 3° d'avoir, dans les circonstances de temps et de lieu déjà établies, commis, avec préméditation, un homicide volontaire sur la personne du doc-phu-su Tran-tu-ca ; — 4° d'avoir mis volontairement le feu à l'église, au presbytère et aux maisons avoisinantes, sises au village de Tan-thoi-tam ; les dites maisons étant habitées ou servant à l'habitation ; — 5° du meurtre d'un jeune enfant décédé dans les flammes, dans la maison du nommé De, gardien de l'église dudit lieu ; — 6° de complicité, par aide et assistance, des auteurs de tous les autres crimes sus-énoncés ;

7° **Pham-van-thuyen**, dit *Trang*, âgé de 47 ans, bonze, fils de Pham-van-doan et de feue Thi-kieu, né à Qua-nam (Annam), domicilié à Tan-thoi-tam, arrondissement de Saigon ; de s'être rendu coupable : — 1° du complot et de l'attentat ci-dessus spécifiés ; — 2° de s'être mis à la tête de la bande de son village pour commettre les crimes énoncés plus haut ; — 3° d'avoir, dans les circonstances de temps et de lieu déjà établies, commis, avec préméditation, un homicide volontaire sur la personne du doc-phu-su Tran-tu-ca ; — 4° d'avoir mis volontairement le feu à l'église, au presbytère et aux maisons avoisinantes, sises au village de Tan-thoi-tam, les dites maisons étant habitées ou servant à l'habitation ; — 5° du meurtre d'un jeune enfant décédé dans les flammes, dans la maison du gardien De, de l'église du dit lieu ; — 6° de complicité, par aide et assistance, des auteurs de tous les autres crimes sus-énoncés ;

8° **Nguyen-van-do**, âgé de 53 ans, boulanger, fils de feu Nguyen-van-du et de feue Thi-tich, né et domicilié à Tan-thoi-tay, arrondissement de Saigon; — **Tran-van-len**, âgé de 46 ans, jardinier, fils de feu Tran-van-van et de feue Thi-thoc, né et domicilié à Tan-thoi-tay, arrondissement de Saigon; — **Nguyen-van-hoai**, âgé de 39 ans, jardinier, fils de feu Nguyen-van-hung et de Thi-dieu, né et domicilié à Tan-thoi-tay, arrondissement de Saigon; de s'être rendus coupables: — 1° du complot et de l'attentat ci-dessus spécifiés; — 2° d'avoir mis volontairement le feu: — 1° à l'église; — 11° au presbytère; — 111° à la maison du gardien de l'église De; — 1v° aux maisons de la femme et du fils Ban du phu Ca, à Tan-thoi-tam; — v° à la maison du doï Moi; — v1° à la maison du nommé Le-van-thanh, ces deux dernières sises au village de Tan-thoi-tay, les dites maisons étant habitées ou servant à l'habitation; — 3° de meurtre sur la personne d'un jeune enfant décédé dans les flammes, dans la maison habitée par le nommé De, gardien de l'église de Tan-thoi-tam; — 4° de complicité, par aide et assistance, des auteurs de tous les autres crimes sus-énoncés;

9° **Nguyen-van-lanh**, âgé de 52 ans, cultivateur, fils de feu Nguyen-van-ke et de feue Thi-quang, né et domicilié à Vinh-loc, arrondissement de Saigon; de s'être rendu coupable: — 1° du complot et de l'attentat ci-dessus spécifiés; — 2° de s'être mis à la tête de la bande de son village pour commettre les crimes énoncés plus haut; — 3° d'incendie volontaire d'un groupe indéterminé de maisons sises au village de Tan-thoi-nhut (Ba-diem), les dites maisons étant habitées ou servant à l'habitation; — 4° d'incendies volontaires commis au village de Tan-thoi-tam: 1° à l'église; — 11° au presbytère; — 111° à la maison du gardien De, de la dite église; — 1v° aux maisons de la femme et du fils Ban du phu Ca, les dites maisons étant habitées ou servant à l'habitation; — 5° de meurtre sur la personne d'un jeune enfant décédé dans les flammes, dans la maison habitée par le nommé De, gardien de l'église de Tan-thoi-tam; — 6° de complicité, par aide et assistance, des auteurs de tous les autres crimes sus-énoncés;

10° **Le-van-da**, âgé de 40 ans, cultivateur, fils de feu Le-van-ket et de feue Ung-thi-co, né et domicilié à Tan-thoi-tu, arrondissement de Saigon; — **Vo-van-chu**, âgé de 47 ans, cultivateur, fils de feu Vo-van-vay et de feue Thi-hoa, né et domicilié à Tan-thoi-tu, arrondissement de Saigon; — **Bui-cong-ho**, âgé de 44 ans, cultivateur, fils de feu Bui-cong-thieu et de Thi-xung, né et domicilié à Tan-thoi-tu, arrondissement de Saigon; de s'être rendus coupables: — 1° du complot et de l'attentat ci-dessus spécifiés; — 2° de s'être mis à la tête de la bande de leur village pour commettre les crimes énoncés plus haut; — 3° d'incendie volontaire mis à la maison habitée du nommé Nguyen-van-gio, au village de Tan-thoi-tu; — 4° de complicité, par aide et assistance, des auteurs de tous les autres crimes sus-énoncés;

11° **Nguyen-van-dinh**, âgé de 41 ans, cultivateur, fils de Nguyen-van-le et de feue Thi-phep, né et domicilié à Tan-dong-thon, arrondissement de Saigon; — **Nguyen-van-de**, âgé de 61 ans, cultivateur, fils de feu Nguyen-van-tu et de feue Thi-kieu, né et domicilié à Tan-dong-thon, arrondissement de Saigon; — **Van-duc-choi**, âgé de 37 ans, cultivateur, fils de Van-duc-do et de feue Thi-ven, né et domicilié à Tan-dong-thon, arrondissement de Saigon; — **Nguyen-van-dao**, âgé de 49 ans, cultivateur, fils de Nguyen-van-luu et de Thi-hiep, né et domicilié à Tan-dong-thon, arrondissement de Saigon; — **Tran-van-phi**, âgé de 37 ans, cultivateur, fils de feu Tran-van-gan et de feue Le-thi-huy, né et domicilié à Tan-dong-thon, arrondissement de Saigon; — **Nguyen-van-hieu**, âgé de 57 ans, cultivateur, fils de feu Nguyen-van-ton et de Nguyen-thi-ngoi, né et domicilié à Tan-dong-thon, arrondissement de Saigon; — **Ung-van-tron**, âgé de 36 ans, jardinier, fils de feu Ung-van-tai et de Bui-thi-nha, né et domicilié à Tan-dong-thuong, arrondissement de Saigon; — **Banh-van-hien**, âgé de 46 ans, cultivateur, fils de feu Banh-van-hoa et de feue Thi-da, né et domicilié à Tan-dong-thuong, arrondissement de

Saigon; — **Nguyen-ba-xuyen**, âgé de 37 ans, cultivateur, fils de feu Nguyen-van-dong et de feue Tran-thi-son, né et domicilié à Than-dong-thuong, arrondissement de Saigon; — **Le-van-trong**, âgé de 41 ans, cultivateur, fils de feu Le-van-quon et de feue Tran-thi-buoi, né et domicilié à Tan-dong-thuong, arrondissement de Saigon; de s'être rendus coupables : — 1º du complot et de l'attentat ci-dessus spécifiés; — 2º d'avoir volontairement mis le feu à la maison habitée par le chef de canton Nguyen-van-loi, au village de Tan-dong-thuong; — 3º de complicité, par aide et assistance, des auteurs de tous les autres crimes sus-énoncés; ·

12º **Nguyen-van-vien**, âgé de 66 ans, cultivateur, fils de feu Nguyen-van-tra et de feue Thi-chi, né et domicilié à Tan-dong-thon, arrondissement de Saigon; — **Tran-van-sanh**, âgé de 51 ans, cultivateur, fils de Tran-van-dinh et de Nguyen-thi-lieu, né à Chi-hoa, domicilié à Tan-phu-trung, arrondissement de Saigon; — **Nguyen-van-dieu**, âgé de 54 ans, cultivateur, fils de feu Nguyen-van-que et de feue Thi-dang, né et domicilié à Tan-thoi-nhi, arrondissement de Saigon; — **Tran-van-xanh**, âgé de 41 ans, cultivateur, fils de feu Tran-van-gio et de feue Thi-vang, né et domicilié à Than-thoi-nhi, arrondissement de Saigon; — **Tran-van-thi**, âgé de 43 ans, cultivateur, fils de feu Tran-van-thach et de feue Nguyen-thi-phuoc, né et domicilié à Tan-thoi-thuong, arrondissement de Saigon; — **Nguyen-van-loi**, âgé de 49 ans, cultivateur, fils de feu Nguyen-van-yen et de feue Thi-kiem, né et domicilié à Tan-dong-thon, arrondissement de Saigon; — **Nguyen-van-vap**, âgé de 47 ans, cultivateur, fils de feu Nguyen-van-yen et de feue Thi-kiem, né et domicilié à Tan-dong-thon, arrondissement de Saigon; — **Tran-van-nguyen**, âgé de 56 ans, cultivateur, fils de feu Tran-van-manh et de feue Thi-thinh, né et domicilié à Tan-dong-thon, arrondissement de Saigon; — **Huynh-van-tinh**, âgé de 62 ans, cultivateur, fils de feu Huynh-van-bich et de feue Thi-thom, né et domicilié à My-hanh, arrondissement de Cholon; — **Nguyen-van-xe**, âgé de 44 ans, cultivateur, fils de feu Nguyen-van-dinh et de feue Thi-loi, né et domicilié à My-hanh, arrondissement de Cholon; — **Dong-tan-phi**, âgé de 59 ans, jardinier, fils de feu Dong-than-thê et de Le-thi-an, né et domicilié à My-hoa, arrondissement de Cholon; — **Nguyen-van-luat**, dit *Luc*, âgé de 61 ans, cultivateur, ancien chef de canton, fils de feu Nguyen-van-tan et de feue Thi-ngoi, né et domicilié à Tan-dong-thon, arrondissement de Saigon; — **Huynh-van-huan**, âgé de 54 ans, professeur de caractères, fils de feu Huynh-van-toan et de feue Thi-quoi, né et domicilié à Trung-chanh, arrondissement de Saigon; — **Nguyen-van-huy**, âgé de 50 ans, cultivateur, fils de feu Nguyen-van-vang et de Thi-vi, né et domicilié à Vinh-loc, arrondissement de Saigon; — **Nguyen-van-gia**, âgé de 38 ans, cultivateur, fils de feu Nguyen-van-nhat et de Le-thi-tham, domicilié à Vinh-loc, arrondissement de Saigon; — **Do-van-cong**, âgé de 68 ans, cultivateur, fils de feu Do-van-nhan et de feue Nguyen-thi-loi, né et domicilié à Binh-hung arrondissement de Cholon; de s'être rendus coupables : — 1º du complot et de l'attentat ci-dessus spécifiés; — 2º de s'être mis à la tête des bandes de leurs villages, par eux organisées, pour commettre les crimes énoncés plus haut; — 3º de complicité par aide et assistance, des auteurs de tous les autres crimes sus-énoncés.

13º **Nguyen-van-tieng**, âgé de 37 ans, cultivateur, fils de feu Nguyen-van-nguon, et de feue Thi-nghom, né et domicilié à Tan-dong-thon, arrondissement de Saigon; — **Nguyen-van-nam**, âgé de 43 ans, cultivateur, fils de feu Nguyen-van-huong et de Ho-thi-bao, né et domicilié à Tan-thoi-thuong, arrondissement de Saigon; — **Le-van-sac**, âgé de 52 ans, cultivateur, fils de Le-van-dao et de Nguyen-thi-xuan, né et domicilié à Tan-thoi-nhut, arrondissement de Saigon; — **Duong-van-ti**, âgé de 38 ans, journalier, fils de feu Duong-van-do et de mère inconnue, né et domicilié à Tan-thoi-thuong, arrondissement de Saigon; — **Duong-van-tinh**, âgé de 44 ans, cultivateur, fils de feu Duong-van-do et de feue Thi-buu, né et domicilié à Tan-thoi-thuong, arrondissement de Saigon; — **Le-van-dat**, âgé de 42 ans, cultivateur, fils de feu Le-van-tho et de feue Tran-thi-loi, né et domicilié à Tan-thoi-tu, arrondissement de Saigon; de s'être rendus coupables : — 1° du complot et de l'attentat ci-dessus spécifiés; — 2° de complicité, par aide et assistance, des auteurs de tous les autres crimes sus-énoncés;

14° **Nguyen-van-luong**, âgé de 72 ans, cultivateur, fils de feu Nguyen-van-tri et de feue Thi-dang, né et domicilié à An-lac, arrondissement de Cholon; — **Le-van-deu**, âgé de 53 ans, cultivateur, fils de Le-van-thieu et de Thi-xuan, né et domicilié à An-lac, arrondissement de Cholon; de s'être rendus coupables : — 1° du complot et de l'attentat ci-dessus spécifiés; — 2° de s'être mis à la tête de la bande formée dans leur village pour prendre une part active à la rébellion, mais sans avoir rejoint les autres bandes à Ba-diem, Hoc-mon, et Cho-moi; — 3° de complicité, par promesse de leur concours, des auteurs de tous les autres crimes sus-énoncés;

15° **Pham-van-chu**, âgé de 41 ans, cultivateur, fils de feu Pham-van-nguyen et de Thi-do, né et domicilié à Duc-hoa, arrondissement de Cholon; de s'être rendu coupable : — 1° du complot et de l'attentat ci-dessus spécifiés; — 2° de complicité, par aide et assistance, en cherchant à recruter des adeptes à la rébellion, des crimes sus-énoncés;

16° **Nguyen-van-binh**, âgé de 40 ans, cultivateur, fils de feu Nguyen-van-vang et de feue Nguyen-thi-do, né et domicilié à My-loi, arrondissement de Cholon; — **Nguyen-van-chanh**, âgé de 64 ans, marchand, fils de feu Nguyen-van-tai et de feue Thi-huu, né à Phu-giao, domicilié à Mai-son, 4° quartier de Cholon-ville; de s'être rendus coupables : — 1° à Can-gioc, arrondissement de Cholon, du complot et de l'attentat ci-dessus spécifiés; — 2° de complicité, par promesse de leur concours, des auteurs de tous les autres crimes sus-énoncés,

Crimes prévus et punis par les articles 87, 88, 89, 91, 92, 96, 295, 296, 297, 302, 304, 379, 382, 385, 434, paragraphes premier et dernier, 59, 60, du Code pénal rendu applicable aux Annamites par décret du 16 mars 1880.

Saigon, le 17 juin 1885.

Le Procureur général p. i.,

R. MAISONNEUFVE - LACOSTE.

NOTIFICATION

de la

LISTE DES TÉMOINS

LE MINISTÈRE PUBLIC

contre

NGUYEN-VAN-BUONG

ET CONSORTS

COPIE POUR

TRIBUNAUX DE BINH-HOA

JUSTICE CRIMINELLE

LISTE des témoins que le Procureur général se propose de faire entendre dans le procès criminel dirigé contre Nguyen-van-buong et consorts, dont les débats s'ouvriront le

1º Tran-van-luong, phu de 1ʳᵉ classe, domicilié à Binh-hoa ;
2º Nguyen-van-vay, quan de la milice de Binh-hoa, y domicilié ;
3º Tran-tu-ban, secrétaire, domicilié à Tan-thoi-tam (Saigon-inspection) ;
4º Tran-tu-kuê, sous-chef de canton, domicilié à Hang-long-tay, *idem* ;
5º Tran-tu-lam, maître d'école, domicilié à Trung-hung, *idem* ;
6º Le-van-thanh, cultivateur, maire de Tan-thoi-nhut, y domicilié, *idem* ;
7º Binh, quan de la milice de Thudaumot, y domicilié ;
8º Mai-van-buong, cultivateur, domicilié à My-hanh (Cholon) ;
9º Le-van-tri, *idem, idem* ;
10º Nguyen-van-danh, *idem, idem* ;
11º Vo-van-kha, *idem, idem* ;
12º Nguyen-van-lung, *idem, idem* ;
13º Dang-van-sung, *idem, idem* ;
14º Huynh-van-nguu, garde civil, domicilié à Binh-hoa ;
15º Nguyen-van-mau, *idem, idem* ;
16º Nguyen-van-moi, doï de la milice, domicilié à Hoc-mon (Saigon-inspection) ;
17º Thi-lau, femme du précédent, *idem* ;
18º Le-van-thanh, cultivateur, domicilié à Tan-thoi-dong, *idem* ;
19º Tran-thi-lieu, jardinière, domiciliée à Tan-thoi-tu, *idem* ;
20º Truong-van-tu, cultivateur, domicilié à Tan-thoi-nhut, *idem* ;
21º Huynh-van-ven, *idem, idem* ;
22º Pham-thi-tam, fille de Hon, *idem* ;
23º Tran-van-gio, cultivateur, domicilié à Tan-thoi-tu, *idem* ;
24º Pham-van-nuong, cultivateur, domicilié à Tan-phu-trung, *idem* ;
25º Huynh-van-huy, *idem, idem* ;
26º Do-van-lanh, *idem, idem* ;
27º Do-van-thach, sous-chef de canton, domicilié à Tan-thoi-nhi, *idem* ;
28º Vo-van-nhieu, cultivateur, domicilié à Tan-thoi-tu, *idem* ;
29º Tran-van-noi, agent de police, domicilié à Cholon-ville ;
30º Nguyen-van-thon, cultivateur, domicilié à Trung-chan (Saigon-inspection) ;
31º Vo-van-huot, cultivateur, domicilié à Tan-thoi-nhi, *idem* ;
32º Nguyen-van-chap, jardinier, domicilié à Tan-dong-thuong, *idem* ;
33º Nguyen-van-loi, chef de canton, *idem* ;
34º Nguyen-van-nguu, jardinier, *idem* ;
35º Dang-van-huong, *idem, idem* ;

36° Nguyen-tuong-trung, sous-chef de canton, domicilié à Tan-dong-thon (Saigon-inspection);
37° Pham-van-viet, planteur de tabac, *idem ;*
38° Nguyen-van-man, cultivateur, *idem ;*
39° Do-van-but, *idem, idem ;*
40° Tran-van-hon, *idem, idem ;*
41° Nguyen-van-chat, *idem, idem ;*
42° Nguyen-van-sam, cultivateur, domicilié à An-lac (Cholon) ;
43° Do-van-dat, cultivateur, domicilié à My-hanh, *idem ;*
44° Le-van-tinh, *idem, idem ;*
45° Pham-van-du, âgé de 20 ans, comédien, domicilié à Thanh-my (Saigon-inspection) ;
46° Le-van-do, cultivateur, notable, domicilié à Vinh-loc, *idem ;*
47° Nguyen-van-kha, cultivateur, *idem ;*
48° Ho-van-nam, *idem, idem ;*
49° Huynh-van-nghi, *idem, idem ;*
50° Huynh-van-giai, *idem, idem ;*
51° Nguyen-van-van, cultivateur, domicilié à An-lac (Cholon) ;
52° Vo-van-quoi, cultivateur, *idem ;*
53° Nguyen-van-sung, *idem, idem ;*
54° Nguyen-van-de, *idem, idem ;*
55° Le-ngoc-chan, *idem, idem ;*
56° Pham-ngoc-quon, sous-chef de canton, domicilié à Duc-hoa, *idem ;*
57° Nguyen-van-lanh, conseiller d'arrondissement, *idem ;*
58° Ren, cultivateur, domicilié à Trung-chanh (Saigon-inspection) ;
59° Chan, domicilié à Cholon-ville (4ᵉ quartier) ;
60° Nhuong, cultivateur, notable, domicilié à Phu-hoa (Saigon-inspection) ;
61° Le doc-phu-su Phuong, domicilié à Cholon-ville ;
62° Tran-van-nen, cultivateur, domicilié à My-lac (Cholon) ;
63° Nguyen-van-shan, *idem, idem ;*
64° Tran-van-trang, phu do Cangioc, y domicilié (Cholon).

Fait au parquet général, à Saigon, le   , 1885.

Le Procureur général p. i.,

MAISONNEUFVE - LACOSTE.

L'an mil huit cent quatre-vingt-cinq, et le   du mois
à la requête de M. le Procureur général près la Cour d'appel de Saïgon ;

Nous,

remplissant les fonctions d'huissier près la Cour et les tribunaux français de Binh-hoa,

Avons notifié au nommé,

en ce moment détenu à la maison de justice sous le nº   , où étant et parlant
à sa personne, pour ce mandé entre les deux guichets, comme lieu de liberté,

La liste des témoins qui, à même requête, sont appelés à déposer contre lui dans
le procès criminel dont les débats s'ouvriront le

Et, afin qu'il n'en ignore, nous lui avons laissé copie en caractères français et en
quoc-ngu, tant de ladite liste des témoins que de la présente, dont le coût est de :

ORDONNANCE

———

COPIE.

Nous, Président de la Cour criminelle de Binh-hoa,

Vu le réquisitoire de M. le Procureur général en date du

Vu les articles 24 et 29, § 4, du décret du 25 juillet 1864 ; 18 du décret du 25 mai 1881, portant organisation de la justice en Cochinchine, 18 de l'arrêté local du 7 mars 1865, et 16 du décret du 5 mars 1884,

Ordonnons :

1º Le tirage au sort des assesseurs dans le procès criminel dirigé contre Nguyen-van-buong, dit Nam-soc, et consorts, aura lieu le   , à heures du

2º L'ouverture des débats est fixée au   à   heures   du

3º Disons que dans le cas ou les dits accusés n'en auraient pas fait choix il leur sera désigné des défenseurs d'office au moment de leur interrogatoire.

Fait au palais de justice, à Saigon, le   1885,

Le Président de la Cour,
Signé :

———

LISTE

DES ASSESSEURS

———

COPIE.

LISTE des assesseurs appelés à composer la Cour criminelle de Binh-hoa, pendant l'année 1885.

MM. Trần-hy, médecin, domicilié à Bình-hòa (Saigon-inspection) ;
Phạm-văn-ngái, propriétaire, domicilié à Phú-mỷ (Saigon-inspection) ;
Đào-khắc-minh, professeur, domicilié à Hạnh-thông-xá (Saigon-inspection) ;
Mai-công-thành, propriétaire, domicilié à Bình-an-đông (Saigon-inspection) ;
Nguyễn-văn-châu, propriétaire, domicilié à Phú-nhuận (Saigon-inspection) ;
Nguyễn-văn-cân, notable, domicilié à Nghi-hòa (Chợ-lớn) ;
Cao-kiển-vân, notable, domicilié à Bình-đăng (Chợ-lớn) ;
Nguyễn-văn-khuyên, notable, domicilié à An-lạc (Chợ-lớn) ;
Nguyễn-văn-vàng, notable, domicilié à Bình-trương (Chợ-lớn) ;
Trần-văn-cẩm, notable, domicilié à An-thạnh (Chợ-lớn) ;

MM. Tông-bình-phuông, professeur, domicilié à Nhị-hòa (Biên-hòa) ;
Võ-văn-liểu, notable, domicilié à Rạch-kho (Biên-hòa) ;
Huỳnh-thánh-gioan, notable, domicilié à Tân-uyên (Biên-hòa) ;
Lê-văn-liệu, notable, domicilié à Phước-lễ (Bà-rịa) ;
Đỗ-văn-suối, notable, domicilié à Long-điều (Bà-rịa) ;
Tô-văn-quyển, notable, domicilié à Thái-bình (Tây-ninh) ;
Huỳnh-văn-toán, notable, domicilié à An-tính (Tây-ninh) ;
Trần-văn-miêng, notable, domicilié à Phú-cường (Thủ-dầu-một) ;
Nguyễn-văn-hật, notable, domicilié à Chánh-an (Thủ-dầu-một) ;
Hồ-văn-yên, notable, domicilié à Hòa-mỷ (Thủ-dầu-một) ;

Fait au parquet général, à Saigon, le   1885.

Le Procureur général p. i.,
R. MAISONNEUFVE-LACOSTE.

L'an mil huit cent quatre-vingt-cinq, le   du mois
à la requête de M. le Procureur général près la Cour d'appel de Saigon ;

Nous,

remplissant les fonctions d'huissier près la Cour et les tribunaux français de Binh-hoa ;

Avons notifié,

en ce moment détenu à la maison de justice sous le n°   où étant et parlant à sa
personne, pour ce mandé entre les deux guichets comme lieu de liberté :

1° Une déclaration de poursuites du Procureur général en date du
2° Un acte d'accusation en date du
3° Une ordonnance du Président de la Cour criminelle en date du
4° La liste des assesseurs appelés à composer la Cour criminelle pendant l'année 1885.

Et à même requête et parlant comme dessus,
Avons donné assignation au susnommé,

À comparaître :

1° Le
à   heure   du   par devant le Président de la Cour criminelle,
siégeant en chambre du conseil au palais de justice, à   , pour
voir procéder au tirage au sort desdits assesseurs ;

2° Le
à   heure   du   par devant la Cour criminelle, au palais de justice,
à   , pour entendre statuer ce qu'il appartiendra sur l'accusation
relevée contre lui, en l'acte prémentionné et notifié.

Et, afin qu'il n'en ignore, nous lui avons laissé copie en caractères français et en
quoc-ngu, tant de la présente que des pièces susmentionnées, dont de coût est de :